工程教育专业认证视角下
工程教育改革要点探析

宋　歌◎著

燕山大学出版社

·秦皇岛·

图书在版编目（CIP）数据

工程教育专业认证视角下工程教育改革要点探析／宋歌著．—秦皇岛：燕山大学出版社，2023.7

ISBN 978-7-5761-0502-5

Ⅰ．①工…　Ⅱ．①宋…　Ⅲ．①高等教育－工科（教育）－教育改革－研究－中国　Ⅳ．①G649.21

中国国家版本馆 CIP 数据核字（2023）第 047070 号

工程教育专业认证视角下工程教育改革要点探析
GONGCHENG JIAOYU ZHUANYE RENZHENG SHIJIAO XIA GONGCHENG JIAOYU GAIGE YAODIAN TANXI

宋　歌　著

出 版 人：陈　玉			
责任编辑：张　蕊		策划编辑：张　蕊	
责任印制：吴　波		封面设计：刘馨泽	
出版发行：燕山大学出版社 YANSHAN UNIVERSITY PRESS		电　　话：0335-8387555	
地　　址：河北省秦皇岛市河北大街西段 438 号		邮政编码：066004	
印　　刷：英格拉姆印刷(固安)有限公司		经　　销：全国新华书店	

开　　本：710 mm×1000 mm　　1/16		印　　张：9	
版　　次：2023 年 7 月第 1 版		印　　次：2023 年 7 月第 1 次印刷	
书　　号：ISBN 978-7-5761-0502-5		字　　数：138 千字	
定　　价：36.00 元			

序

党的二十大报告将"建成教育强国、科技强国、人才强国"纳入 2035 年我国发展的总体目标,并明确提出"教育、科技、人才是全面建设社会主义现代化国家的基础性、战略性支撑",这为新时代我国教育发展、科技进步、人才培养提供了根本遵循,具有重大的理论创新价值和实践指导意义。培养适应并引领未来科技革命和产业变革的创新人才,建设卓越工程师队伍,服务科技自立自强和原始创新突破,是我国高等工程教育肩负的时代重任。

随着新一轮科技革命和产业变革的不断深入,卓越工程师能力框架的搭建、发展及重塑不断面临新要素、新要求、新挑战,驱动高等工程教育开展面向未来的深化改革。在以 2010 年 6 月启动的卓越工程师教育培养计划为标志的中国高等工程教育变革式发展的十余年里,工程教育专业认证在引领学生中心、成果导向、持续改进为核心的教育教学理念革新;推动培养目标、毕业要求、课程体系一体化设计及课程内容更新迭代;聚焦面向未来的工程专业毕业生能力素质培养与提升;打造新的工程教育质量标准,并以质量标准意识唤起人才培养链条上所有参与人员质量文化意识等方面发挥着重要的引领和保障作用。

在新形势下,中国工程教育专业认证以对世界负责、对未来负责、对学生长远负责的前瞻与使命意识,正朝着"三个面向"全面发力:面向产业,保障工程人才培养质量;面向世界,构建国际实质等效的工程教育质量标准;面向未来,支撑中国 2030 可持续发展。努力提高学生解决实际问题的能力,激发学生学习成长内生动力,拓展学生职业发展空间,从而推动工程专业毕业生成为社会创新发动机,助力国家产业转型升级。

对工程教育专业认证内涵的理解是在认证实践及基于成果导向理念的教育教学改革中不断走向深入的，这是一个不断更新的、螺旋式上升的过程。本书以工程教育专业认证发展与变化为研究切入点，通过梳理我国工程教育专业认证发展历程、标准内涵及相关工作要求变化，呈现了我国工程教育专业认证标准内涵与国际标准的持续接轨、与工程教育发展形势适切性的持续保持，以及 OBE 进程在持续走向深化，正在由"形似"转向"神似"的发展进程。在此基础上，进一步分析了如何实现"神似"，如何扭住重点问题有效推进今后的工程教育专业认证工作。以工程教育专业认证实践中反映出的人才培养架构设计及实施过程存在的问题为研究着力点，分析了培养目标在聚焦发展的工程教育的内外需求并体现专业特色；毕业要求在有效支撑培养目标包含的各项能力和素质要求；课程体系在有效支撑毕业要求，并实现课程目标及教学策略面向产出的设计；持续改进在评价工作对能力产出的真实聚焦及持续改进工作对各项学习产出达成的有效保障等方面存在的问题及症结所在。以正在及将要开展的工程教育改革工作的几个关键问题为研究突破点，包括新形势下人才培养体系如何进一步优化，OBE 如何真正进课堂、进全面课堂，解决复杂工程问题能力培养如何提质增效，成果导向教育模式下的教师教学能力评价如何抓住一个关键和四个要点等。以上研究为相关工作的难点和堵点问题提供了一些解决思路。

工程教育专业认证理念常思常新，工程教育专业认证标准常研常新，工程教育专业认证实践经验常探常新。对其进行不断的、深入的研究分析与探索实践，有利于相关高校把握好工程教育改革发展的方向，全力推进面向未来的卓越工程师培养工作"进位争先"，练就人才培养质量提升"硬功"，为社会主义现代化强国建设贡献高等工程教育的坚实力量。

赵永生

2023 年 6 月

前　　言

　　工程科技改变世界，工程教育引领创新。世界范围内新一轮的科技革命和产业变革正在加速进行，以新技术、新业态、新产业、新模式为特点的新经济蓬勃发展，迫切需要培养造就一大批多样化、创新型卓越工程科技人才。高等工程教育肩负着服务国家战略需求，培养创新型工程科技人才，支撑和引领国家发展未来的重要使命。党的十八大以来，习近平总书记高度重视重大科技创新和工程科技人才培养。总书记指出，"重大科技创新成果是国之重器、国之利器，必须牢牢掌握在自己手上，必须依靠自力更生、自主创新"，工程科技人才是中国开创未来最宝贵的资源。工程教育人才培养质量直接关系到中国科技创新水平与社会可持续发展的程度。深化工程教育改革，推进工程教育高质量发展，对服务经济转型升级和建设高等教育强国具有重大意义。

　　改革开放以来，我国高等工程教育不断迈上新台阶，内涵式发展不断推进，办学质量和水平稳步提升，社会满意度持续提高。我国高等工程教育为国家培养了大批优秀的创新人才，有力地支撑了我国工业体系的形成与发展，为社会主义现代化建设作出了重要贡献。在看到我国高等工程教育取得令世人瞩目成就的同时，也需要清醒地认识到，在规模与结构方面，工科毕业生供给结构性过剩与短缺并存，这已成为制约我国制造业转型升级的现实瓶颈；在质量内涵与支撑要素方面，质量建设"最后一公里"有待真正落地，人才培养质量亟须进一步提高；在顶层设计与动态调整方面，人才培养链与国家创新链、产业链对接有待增强。在新经济态势下，研究把握工程教育改革的新理念、新模式，改革完善工程专业人才培养体系，全面提升工程科技人才培养质量，加快培养适应和引领新一轮科技革命和产业变革的卓越工程科技人才，是中国高等工程教育面临的新要求和新挑战。

《华盛顿协议》所倡导的成果导向教育理念在美国等国家已有多年实践，被认为是高等工程教育改革的方向。自1989年《华盛顿协议》签订起，美国、加拿大、英国、爱尔兰、澳大利亚和新西兰等国以各自国内工程教育认证体系为基础，均在人才培养体系重构、课程体系优化、解决复杂工程问题能力与非技术能力培养、持续改进机制建构及有效运行等方面开展了改革与探索，以保证培养出的毕业生具有实质等效于《华盛顿协议》提出的综合能力和素质。国内相关领域的研究，特别是在开启工程教育专业认证历程后，主要集中在认证的模式及标准、针对认证模式的工程教育变革、基于成果导向教育理念的人才培养模式改革等方面。专业认证制度作为工程教育质量保障的重要机制，在教育教学理念革新、人才培养方案设计、课程体系重构、教学活动组织、质量持续改进等方面发挥着重要的引领和指导作用。在开展工程教育专业认证的十余年里，各高校围绕工程教育创新发展开展了卓有成效的多样化探索与实践。2016年，我国成为《华盛顿协议》正式成员，工程教育质量认证体系实现了国际实质等效，在工程教育国际化方面迈出了重要的步伐，这是我国工程教育改革和发展的重要契机。在新形势下，我们应在深刻理解工程教育专业认证理念和标准内涵的基础上，全面总结分析工程教育专业认证实践中发现的问题，系统梳理明确下一阶段工程教育改革的要点和关键，进一步加大我国工程教育改革和人才培养质量提升工作力度，为我国创新驱动发展及制造业转型升级提供更加充分的人才和智力支持。

目　　录

第一章　我国工程教育专业认证发展与变化

　　中国工程教育专业认证是在中国工程教育专业认证协会的领导下组织开展的、对高等教育机构开设的工程类专业教育实施的专门性认证，由专门职业或行业协会（联合会）、专业学会会同该领域的教育专家和相关行业企业专家一起进行，旨在为相关工程技术人才进入工业界从业提供预备教育质量保证。工程教育专业认证是国际通行的工程教育质量保证制度，也是实现工程教育国际互认和工程师资格国际互认的重要基础。为提高工程教育质量，根据国际通行做法，我国建立了具有中国特色并与国际实质等效的工程教育认证制度。自 2006年正式启动工程教育认证工作以来，我国积极采用国际化的标准，吸收先进的教育理念和质量保障文化，优化我国高等工程教育质量保障体系，引领和推动工程教育改革发展，加强工程教育专业建设，密切工程教育与工业界的联系，促进工程教育国际化，提高工程教育人才培养质量。2016 年我国加入《华盛顿协议》[①]，并以此为契机，在工科主要专业领域逐步扩大认证范围，进一步提高我国高等工程教育国际化水平，持续提升高等工程教育人才培养质量。在工程教育专业认证各项工作及基于认证理念的工程教育人才培养模式改革不断向纵深发展的过程中，我国工程教育专业认证标准与国际标准保持持续接轨，OBE[②]进

[①]《华盛顿协议》是世界上最具影响力的国际本科工程学位互认协议，其宗旨是通过双边或多边认可工程教育资格及工程师执业资格，促进工程师跨国执业。该协议提出的工程专业教育标准和工程师职业能力标准，是国际工程界对工科毕业生和工程师职业能力公认的权威要求。

[②] OBE（outcome-based evaluation），基于学生学习产出的教育模式，强调学习成果的预先设定及成果达成情况的定期评价，并将评价结果用于持续改进。该教育理念于 1981年由斯巴迪（Spady）等人提出，是美国、英国、加拿大等国家教育改革的主流理念。

程不断深化。本章通过回顾我国工程教育专业认证发展历程，梳理工程教育专业认证标准及相关工作要求变化脉络，分析这些变化反映了什么，以及如何抓住面向产出主线和守牢面向产出评价底线，以应对这些变化。

一、工程教育专业认证发展

关于工程教育专业认证的学术探讨始于 20 世纪 80 年代，实践活动始于 1992 年，由原建设部组织对清华大学、同济大学、天津大学和东南大学 4 所学校的建筑学专业进行了试点教育评估。2005 年，由国务院 18 个部门（单位）组成的全国工程师制度改革协调小组成立，负责研究中国工程师制度框架设计，指导组织和开展对外交流，探索建立工程教育专业认证体系等工作。经研究，协调小组成员单位一致认为中国应尽快加入《华盛顿协议》。2006 年，我国初步建立工程教育专业认证体系；同年 3 月，由教育部和中国科学技术协会组织的教育部工程教育专业认证专家委员会正式成立，并在机械、电气、计算机、化工 4 个专业开展试点工作，标志着我国工程教育专业认证工作正式扬帆起航。

2006—2013 年，是我国工程教育专业认证理论研究和实践探索的新阶段。这一阶段制定了更加完善的工程教育认证标准，构建了符合国际通行标准的组织架构，编制了比较完善有效的文件体系，培养了一支学校与工业界结合的认证专家队伍，推动了认证相关工作的稳步有序开展。2013 年，我国成为《华盛顿协议》预备成员。同年，教育部工作要点中提出"继续大力推进工程教育专业认证工作"的相关要求。

2013—2016 年，我国工程教育专业认证工作规模逐渐扩大，认证工作不断规范，认证体系不断完善，认证工作质量不断提高，并且充分发挥工程教育专业认证工作在高等学校教育质量保障体系建设中的积极引领作用。2015年，中国工程教育专业认证协会正式成立。2016 年初，在《华盛顿协议》转正考察中，燕山大学材料成型及控制工程专业和电子信息工程专业、北京交通大学车辆工程专业和通信工程专业的工程教育认证工作，接受了国际观察员的全程考察观摩。我国的工程教育专业认证体系、标准和模式得到国际观察员的认可。2016 年 6 月 2 日，我国成为《华盛顿协议》的正式会员，在工程教育质量认证体系上实现了国际实质等效，在工程教育国际化方面迈出了重要步伐。

2016 年至今，是我国工程教育认证专业规模快速发展与认证机制体系内涵建设不断提升的阶段。2016 年，工程教育认证申请专业数量超过 400 个，受理和通过认证专业数量（当年）超过 200 个。2018 年，工程教育认证申请专业数量突破 1000 个，受理专业数量超过 500 个，通过认证专业数量（当年）超过 400 个。截至 2021 年底，我国共有 288 所普通高等学校的 1977 个专业通过了工程教育认证，涉及机械、仪器等 24 个工科专业类（见图 1、图 2）。这期间，中国工程教育专业认证协会制定完善了一系列文件制度，进一步规范了认证相关工作，加强认证机制体系内涵建设。同时，工程教育专业认证在引领和推动高校工程教育改革发展，引导工程教育专业开展内涵建设，进一步提高我国高等工程教育国际化水平，持续提升高等工程教育人才培养质量等方面起到了重要推动作用。

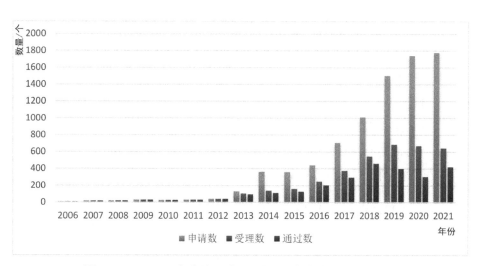

图 1　2006—2021 年申请、受理、通过工程教育认证专业数量

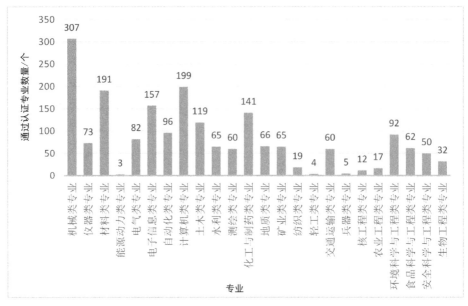

图 2　各专业类通过工程教育认证专业数量（截至 2021 年底）

二、工程教育专业认证变化

我国在开展工程教育专业认证探索与实践的十余年中，不断加深对工程教育认证理念的内涵理解，不断总结工程教育改革实践中的经验和问题，结合我国高等工程教育发展形势、工程教育认证发展形势及国际工程教育认证的发展形势，动态修订完善工程教育专业认证标准、标准解读及相关工作要求，以满足我国工程教育专业认证及工程教育改革工作深入推进的需要。

（一）工程教育专业认证标准变化

认证标准作为工程教育专业认证制度的核心和关键，其发展和变化受到工程发展国家战略、工程教育发展实际、工程教育利益相关者诉求及国际工程教育发展趋势等多种综合因素影响，并对工程教育专业认证工作推进、工程教育改革导向、工程教育发展具有重要影响。

在推进工程教育专业认证与国际接轨的进程中，我国的专业认证通用标准在学生、培养目标、毕业要求、持续改进、课程体系、师资队伍和支持条件等7个方面与国际标准紧密对接；补充标准则涵盖了各行各业对各类工程人才的要求，反映了各种层次和类型的工程人才在知识、能力和素质方面具备的竞争优势和发展潜力，有利于不同类型和不同服务面向的学校发挥办学优势和人才培养特色。同时，随着对工程教育认证理念内涵理解及相关实践推进的逐渐深入，中国工程教育专业认证协会结合我国各个时期工程教育改革发展阶段的特点，对工程教育专业认证标准及标准解读进行了相应的修订完善。具体包括以下几个重要节点。

我国开始工程教育专业认证试点工作后，高起点制定了工程教育专业认证标准，经过多次修订形成《工程教育专业认证标准（试行）》（2012版），详见表1，该标准对我国工程教育认证工作步入正轨具有重要作用。标准借鉴了美国工程技术认证委员会①制定的工程类专业认证标准的框架，包括学生、培养目标、毕业要求、持续改进、课程体系、师资队伍、支持条件（将ABET所制定标准的第7项与第8项合并）。标准中，毕业要求包括10项内容，明确了工程专业毕业生应具备设计和实施工程实验的能力；具有综合运用理论和技术手段设计系统和过程的能力，设计过程中能够综合考虑经济、环境、法律、安全、健康、伦理等制约因素；掌握文献检索、资料查询及运用现代信息技术获取相关信息的基本方法；掌握基本的创新方法，具有追求创新的态度和意识；具有人文社会科学素养、社会责任感、工程职业道德，了解相关法律法规；具有组织管理、团队合作、沟通交流、终身学习能力及国际视野等。但该版本标准的毕业要求并未突出解决复杂工程问题能力的要求；针对该能力的知识应用、分析、研究、设计及开发解决方案能力要求的线条还不明晰；部分毕业要求为低阶知识的掌握，如"具有从事工程工作所需的相关数学、自然科学以及经济和管理知识，掌握工程基础知识和本专业的基本理论知识"等。

为适应国际工程教育认证的发展形势，满足我国工程教育改革和认证工

---

① 美国工程技术认证委员会（Accreditation Board for Engineering and Technology，简称ABET），是美国四大学科认证机构之一。它的主要工作之一是为全国的工程教育制定专业鉴定政策、准则和程序，统管鉴定工作，并授予专业鉴定合格资格。

作深入推进的需要，我国于 2015 年开展了认证标准修订工作，公布《工程教育认证标准》（2015 版）（详见表 1）。该标准的毕业要求结构、内容与国际工程联盟《毕业生要求与职业能力框架》[①]（2013 版）要求一致。标准中毕业要求共 12 项，包括知识、问题分析、设计 / 开发、研究、使用现代工具、工程与社会、环境和可持续发展、职业规范、个人与团队、沟通、项目管理、终身学习等能力范畴。其内涵关注解决复杂工程问题能力及各项相关能力要求。该版认证标准与《华盛顿协议》相关要求具有实质等效性。2016 年，我国接受《华盛顿协议》转正考察时，使用该认证标准开展工程教育认证各项工作，获得了国际观察员的认可。

2018 年，为进一步梳理认证标准中的毕业要求、持续改进、课程体系中相关内容的逻辑主线和相互关系，更好地指导相关专业开展工程教育认证工作，中国工程教育专业认证协会对 2015 版认证标准进行了修订，公布了《工程教育认证标准》（2018 版）（详见表 1）。其中，毕业要求标准项规定了专业毕业要求的框架及能力要素、能力水平要求，将毕业要求达成评价相关内容调整至持续改进标准项中予以统一说明。持续改进标准项，强调课程目标达成评价机制和毕业要求达成评价机制的建立与运行，及基于评价的持续改进机制的建立与运行。课程体系标准项，强调课程体系对毕业要求的有效支撑。该版认证标准厘清了毕业要求、持续改进、课程体系等标准项的内涵关系，同时具有聚焦面向产出评价机制，特别是突出强调课程目标达成评价机制的明确导向。

2020 年，我国工程教育专业认证协会发布《工程教育认证通用标准解读及使用指南》（2020 版）（以下简称《标准解读》）。该《标准解读》对 2018 版标准内涵进行了全面深入的阐释，具有较强的操作性和指导意义，有利于工程教育专业对相关标准内容的准确理解和有效落实。此外，该《标准解读》在学生、培养目标、毕业要求、课程体系、师资队伍等标准项中，分别强调专业应坚持立德树人，引导学生树立社会主义核心价值观；应体现德智体美

---

① 国际工程联盟制定的《毕业生要求与职业能力框架》是包括《华盛顿协议》在内的各互认协议成员组织制定认证标准的框架和参考。本书所论及的某版本毕业要求框架指该版本《毕业要求和职业能力》中规定的相应于《华盛顿协议》的毕业要求框架，以下简称为"《华盛顿协议》毕业要求框架"。

劳全面发展的社会主义事业合格建设者和可靠接班人的培养总目标；学生应树立和践行社会主义核心价值观，理解个人与社会的关系，了解中国国情，明确个人作为社会主义事业建设者和接班人所肩负的责任和使命；课程体系应围绕立德树人根本任务，将思政课程与课程思政有机结合，实现全员全程全方位育人；教师职业能力要求中第一项为师德师风要求，教师需要在教学工作中体现立德树人的总要求。

为适应新形势下教育评价工作有关要求，进一步规范工程教育专业认证工作，促进国际交流互认，2022 年，根据中国工程教育专业认证协会理事会决议，在原《工程教育认证标准》基础上，保持核心内容不变，按照《团体标准管理规定》对团体标准的内容与形式要求，修改形成并公布了团体标准《工程教育认证标准》（T/CEEAA 001—2022）。文件包括通用标准及机械、仪器、材料、能源动力、电子信息与电气工程、计算机、土木、水利、测绘地理信息、化工与制药及生物工程、地质、矿业、纺织、轻工、交通运输、兵器、核工程、环境、食品科学与工程、安全科学与工程等 20 个专业领域的补充标准。这是我国高等教育人才培养质量评估领域第一个被纳入国家标准体系框架内的标准。

为进一步推动落实立德树人根本任务，引导参与认证专业和专家逐步落实联合国可持续发展目标和《华盛顿协议》毕业要求框架（2021 版）相关内容，根据认证工作需要，中国工程教育专业认证协会组织修订并于 2022 年 11 月发布了《工程教育认证通用标准解读及使用指南》（2022 版）。该标准解读要求专业培养目标体现培养德智体美劳全面发展的社会主义建设者和接班人的教育方针，毕业要求体现社会主义核心价值观有关内容；在毕业要求、课程体系等标准项的解释中，明确《华盛顿协议》毕业要求框架（2021 版）有关修订内容，引导参与认证专业和专家深入理解、提前应对、逐步落实联合国可持续发展目标和修订中新增的计算思维、可持续发展、全生命成本、净零碳排放目标、多样性和包容性等内容；进一步明确以工程师为主要目标的本科层次人才培养应将解决问题的范畴定位在"复杂工程问题"；在毕业要求和课程体系中，进一步明确各项毕业要求与所需知识体系的关联；优化、补充部分标准项的内涵表述，突出对产出目标评价机制的有关要求[1]。（见表 2）

表1 2012版、2015版、2018版《工程教育认证标准》及主要变化

	2012版	2015版	2018版	主要变化
学生	1. 专业应具有吸引优秀生源的制度和措施。 2. 具有完善的学生学习指导、职业规划、就业指导、心理辅导等方面的措施，并能够很好地执行和落实。 3. 专业必须对学生在整个学习过程中的表现进行跟踪与评估，以保证学生毕业时达到适应社会能力与培养目标式评价的过程要求，进而达到培养目标的达成，通过记录和效果，证明学生能力的达成。 4. 专业必须有明确的规定和相应的认定过程，认可转专业、转学分的学生的原有学分。	1. 具有吸引优秀生源的制度和措施。 2. 具有完善的学生学习指导、职业规划、就业指导、心理辅导等方面的措施，并能够很好地执行和落实。 3. 对学生在整个学习过程中的表现进行跟踪与评估，并通过形成性评价保证学生毕业时达到毕业要求。 4. 有明确的规定和相应认定过程，认可转专业、转学分的学生的原有学分。	1. 具有吸引优秀生源的制度和措施。 2. 具有完善的学生学习指导、职业规划、就业指导、心理辅导等方面的措施并能够很好地执行和落实。 3. 对学生在整个学习过程中的表现进行跟踪与评估，并通过形成性评价保证学生毕业时达到毕业要求。 4. 有明确的规定和相应认定过程，认可转专业、转学分的原有学分。	2012版：通过记录进式评价的过程和效果，证明学生能力的达成。 2015版：通过形成性评价保证学生毕业时达到毕业要求。 2018版：未修订。
培养目标	1. 专业应有公开的、符合学校定位的、适应社会经济发展需要的培养目标。 2. 培养目标应能反映学生毕业后5年左右在社会与专业领域预期能够取得的成就。 3. 建立必要的制度，定期评价培养目标的达成度，并定期对培养目标进行修订，评价与修订过程应该有行业或企业专家参与。	1. 专业应有公开的、符合学校定位的、适应社会经济发展需要的培养目标。 2. 培养目标应能反映学生毕业后5年左右在社会与专业领域预期能够取得的成就。 3. 定期评价培养目标的合理性并根据评价结果对培养目标进行修订，评价与修订过程有行业或企业专业专家参与。	1. 专业应有公开的、符合学校定位的、适应社会经济发展需要的培养目标。 2. 培养目标应能反映学生毕业后5年左右在社会与专业领域预期能够取得的成就。 3. 定期评价培养目标的合理性并根据评价结果对培养目标进行修订，评价与修订过程有行业或企业专业专家参与。	2012版：培养目标应包括学生毕业时的要求；建立必要的制度定期评价目标的达成度，并定期修订培养目标。 2015版：针对2012版上述两点，分别明确了培养目标内涵，明确了培养目标合理性评估是培养目标修订的先导性工作。 2018版：删除培养目标概念解释性内容。

（续表）

	2012 版	2015 版	2018 版	主要变化
毕业要求	专业必须通过评价证明所培养的毕业生达到如下要求： 1. 具有人文社会科学素养、社会责任感和工程职业道德。 2. 具有从事本专业工作所需的相关数学、自然科学知识以及经济和管理知识。 3. 掌握工程基础知识和本专业的基本理论知识，具有系统的工程实践学习经历；了解本专业的前沿发展现状和趋势。 4. 具备设计和实施工程实验的能力，并能够对实验结果进行分析。 5. 掌握基本的创新方法，具有追求创新的态度和意识；具有综合运用理论和技术手段设计系统和过程的能力，设计过程中能够综合考虑经济、环境、法律、安全、健康、伦理等制约因素。 6. 掌握文献检索、资料查询及运用现代信息技术获取相关信息的基本方法。 7. 了解与本专业相关的职业和行业的生产、设计、研究与开发、环境保护和可持续发展等方面的方针、政策和法律、法规，能正确认识工程对于客观世界和社会的影响。	专业必须有明确、公开的毕业要求。毕业要求应能支撑培养目标的达成。专业应通过评价证明毕业要求的达成。专业制定的毕业要求应完全覆盖以下内容： 1. 工程知识：能够将数学、自然科学、工程基础和专业知识用于解决复杂工程问题。 2. 问题分析：能够应用数学、自然科学和工程科学的基本原理，识别、表达、并通过文献研究分析复杂工程问题，以获得有效结论。 3. 设计/开发解决方案：能够设计针对复杂工程问题的解决方案，设计满足特定需求的系统、单元（部件）或工艺流程，并能够在设计环节中体现创新意识，考虑社会、健康、安全、法律、文化以及环境等因素。 4. 研究：能够基于科学原理并采用科学方法对复杂工程问题进行研究，包括设计实验、分析与解释数据、并通过信息综合得到合理有效的结论。 5. 使用现代工具：能够针对复杂工程问题，开发、选择与使用恰当的技术、资源、现代工程工具和信息技术工具，包括对复杂工	专业应有明确、公开、可衡量的毕业要求。毕业要求应能支撑培养目标的达成。专业制定的毕业要求应完全覆盖以下内容： 1. 工程知识：能够将数学、自然科学、工程基础和专业知识用于解决复杂工程问题。 2. 问题分析：能够应用数学、自然科学和工程科学的基本原理，识别、表达、并通过文献研究分析复杂工程问题，以获得有效结论。 3. 设计/开发解决方案：能够设计针对复杂工程问题的解决方案，设计满足特定需求的系统、单元（部件）或工艺流程，并能够在设计环节中体现创新意识，考虑社会、健康、安全、法律、文化以及环境等因素。 4. 研究：能够基于科学原理并采用科学方法对复杂工程问题进行研究，包括设计实验、分析与解释数据、并通过信息综合得到合理有效的结论。 5. 使用现代工具：能够针对复杂工程问题，开发、选择与使用恰当的技术、资源、现代工程工具和信息技术工具，包括对复杂工程问题的预测与模拟，并能够理	2012 版：10 项毕业要求未突出解决复杂工程问题；能力要求、知识要求包含部分低阶知识要求。

（续表）

	2012版	2015版	2018版	主要变化
毕业要求	8. 具有一定的组织管理能力，表达能力和人际交往能力以及在团队中发挥作用的能力。 9. 对终身学习有正确认识，具有不断学习和适应发展的能力。 10. 具有国际视野和跨文化的交流、竞争与合作能力。	程问题的预测与模拟，并能够理解其局限性。 6. 工程与社会：能够基于工程相关背景知识进行合理分析，评价专业工程实践和复杂工程问题解决方案对社会、健康、安全、法律以及文化的影响，并理解应承担的责任。 7. 环境和可持续发展：能够理解和评价针对复杂工程问题的专业工程实践对环境、社会可持续发展的影响。 8. 职业规范：具有人文社会科学素养、社会责任感，能够在工程实践中理解并遵守工程职业道德和规范，履行责任。 9. 个人和团队：能够在多学科背景下的团队中承担个体、团队成员以及负责人的角色。 10. 沟通：能够就复杂工程问题与业界同行及社会公众进行有效沟通和交流，包括撰写报告和设计文稿、陈述发言、清晰表达或回应指令，并具备一定的国际视野，能够在跨文化背景下进行沟通和交流。 11. 项目管理：理解并掌握工程管理原理与经济决策方法，并能在多学科环境中应用。	解其局限性。 6. 工程与社会：能够基于工程相关背景知识进行合理分析，评价专业工程实践和复杂工程问题解决方案对社会、健康、安全、法律以及文化的影响，并理解应承担的责任。 7. 环境和可持续发展：能够理解和评价针对复杂工程问题的工程实践对环境、社会可持续发展的影响。 8. 职业规范：具有人文社会科学素养、社会责任感，能够在工程实践中理解并遵守工程职业道德和规范，履行责任。 9. 个人和团队：能够在多学科背景下的团队中承担个体、团队成员以及负责人的角色。 10. 沟通：能够就复杂工程问题与业界同行及社会公众进行有效沟通和交流，包括撰写报告和设计文稿、陈述发言、清晰表达或回应指令，并具备一定的国际视野，能够在跨文化背景下进行沟通和交流。 11. 项目管理：理解并掌握工程管理原理与经济决策方法，并能在多学科环境中应用。	2015版：12项毕业要求，关注解决复杂工程问题及各项相关能力要求。 2018版：毕业要求的整体要求中增加"可衡量"；将专业应通过评价证明毕业要求的达成的相关要求调整至持续改进标准项中。

（续表）

	2012版	2015版	2018版	主要变化
持续改进	1. 专业应建立教学过程质量监控机制，各主要教学环节有明确的质量要求，通过课程教学质量评价、过程监控和评价方法促进达成培养目标。各主要教学环节设置达成要求，定期进行课程教学质量的评价。 2. 专业应建立毕业生跟踪反馈机制以及有高等教育系统以外有关各方参与的社会评价机制，对培养目标达成情况进行定期评价。 3. 专业应能证明评价的结果被用于专业的持续改进。	1. 建立教学过程质量监控机制，各主要教学环节有明确的质量要求，通过教学质量评价促进课程体系设置和教学质量达成的评价。定期进行课程教学质量的评价。 2. 建立毕业生跟踪反馈机制以及有高等教育系统以外有关各方参与的社会评价机制，对培养目标达成情况进行定期评价。 3. 能证明评价的结果被用于专业的持续改进。	1. 建立教学过程质量监控机制，各主要教学环节有明确的质量要求，定期开展课程体系设置和课程质量评价。建立毕业要求达成情况评价机制，定期开展毕业要求达成情况评价。 2. 建立毕业生跟踪反馈机制以及有高等教育系统以外有关各方参与的社会评价机制，对培养目标达成情况进行定期分析。 3. 能证明评价的结果被用于专业的持续改进。	2012版：通过教学方法促进达成培养和评价方法目标。设置课程达成课程目标；定期进行课程设置的评价。 2015版：通过教学环节、过程监控和质量评价促进课程体系设置达成毕业要求行课程体系达成要求和教学质量的评价。 2018版：定期开展课程体系设置和课程质量评价。建立毕业要求达成情况评价机制，定期开展毕业要求达成情况评价。
课程体系	课程设置应能支持培养目标的达成，课程体系设计应有企业或行业专家参与。课程体系必须包括： 1. 与本专业培养目标相适应的数学与自然科学类课程（至少占总学分的15%）。 2. 符合本专业培养目标的工程基础类课程、专业基础类课程与专业类课程（至少占总学分的30%）。工程基础类课程和专业基础类课程能体现数学和自然科学在本专业应用能力的培养，专业类课程能体现系统设计和实现能力的培养。 3. 工程实践与毕业设计（论文）	课程设置能支持毕业要求的达成，课程体系设计应有企业或行业专家参与。课程体系必须包括： 1. 与本专业毕业要求相适应的数学与自然科学类课程（至少占总学分的15%）。 2. 符合本专业毕业要求的工程基础与专业基础类课程、专业类课程（至少占总学分的30%）。工程基础类课程和专业基础类课程能体现数学和自然科学在本专业应用能力的培养，专业类课程能体现系统设计和实现能力的培养。 3. 工程实践与毕业设计（论文）	课程设置应支持毕业要求的达成，课程体系设计应有企业或行业专家参与。课程体系应包括： 1. 与本专业毕业要求相适应的数学与自然科学类课程（至少占总学分的15%）。 2. 符合本专业毕业要求的工程基础与专业基础类课程、专业类课程（至少占总学分的30%）。工程基础类课程和专业基础类课程能体现数学和自然科学在本专业应用能力的培养，专业类课程能体现系统设计和实现能力的培养。 3. 工程实践与毕业设计（论文）	2012版：课程设置应支持培养目标的达成，设置完善的实践教学体系，应与企业合作，开展实习、实训，培养学生的实践能力。 2015版：课程设置能支持毕业要求的达成，完善的实践教学体系，应与企业合作，开展实习、实训，培养学生的实践能力。 2018版：未修订。

（续表）

	2012 版	2015 版	2018 版	主要变化
课程体系	3. 工程实践与毕业设计（论文）应设置完善的实践教学体系，应与企业合作，开展实习、实训，培养学生的动手能力和创新能力。毕业设计（论文）选题要结合本专业的工程实际问题，培养学生综合应用所学知识解决实际问题及综合的能力。对毕业设计（论文）的指导和考核应有企业或行业专家参与。 4. 人文社会科学类通识教育课程（至少占总学分的15%），使学生在从事工程设计时能够考虑经济、环境、法律、伦理等各种制约因素。	（至少占总学分的20%）。设置完善的实践教学体系，应与企业合作，开展实习、实训，培养学生的实践能力和创新能力。毕业设计（论文）选题要结合本专业的工程实际问题，协作精神以及综合问题的能力。对毕业设计（论文）的指导和考核应有企业或行业专家参与。 4. 人文社会科学类通识教育课程（至少占总学分的15%），使学生在从事工程设计时能够考虑经济、环境、法律、伦理等各种制约因素。	（至少占总学分的20%）。设置完善的实践教学体系，并与企业合作，开展实习、实训，培养学生的实践能力和创新能力。毕业设计（论文）选题应结合本专业的工程实际问题，协作精神以及综合问题的能力。对毕业设计（论文）的指导和考核应有企业或行业专家参与。 4. 人文社会科学类通识教育课程（至少占总学分的15%），使学生在从事工程设计时能够考虑经济、环境、法律、伦理等各种制约因素。	
师资队伍	1. 教师数量能满足教学需要，结构合理，并有企业或行业专家作为兼职教师。 2. 教师应具有足够的教学能力、工程经验、沟通能力，并且能够开展工程实践问题研究，参与学术交流。教师的工程背景应能满足专业教学的需要。 3. 教师应有足够时间和精力投入本科教学和学生指导中，并积极参与教学研究与改革。 4. 教师应为学生提供指导、咨询、	1. 教师数量能满足教学需要，结构合理，并有企业或行业专家作为兼职教师。 2. 教师应具有足够的教学能力、工程经验、沟通能力，并且能够开展工程实践问题研究，参与学术交流。教师的工程背景应能满足专业教学的需要。 3. 教师应有足够时间和精力投入本科教学和学生指导中，并积极参与教学研究与改革。 4. 教师为学生提供指导、咨询、	1. 教师数量能满足教学需要，结构合理，并有企业或行业专家作为兼职教师。 2. 教师具有足够的教学能力、专业发展能力、工程经验、沟通能力，并且能够开展工程实践问题研究，参与学术交流。教师的工程背景应能满足专业教学的需要。 3. 教师有足够时间和精力投入本科教学和学生指导中，并积极参与教学研究与改革。 4. 教师为学生提供指导、咨询、	2012 版：教师必须明确他们在教学质量提升过程中的责任，不断改进工作，满足培养目标要求。 2015 版：教师明确他们在教学质量提升过程中的责任，不断改进工作。 2018 版：未修订。

（续表）

	2012 版	2015 版	2018 版	主要变化
师资队伍	服务，并对学生职业生涯规划、职业从业教育有着足够的指导。5.教师必须明确他们在教学质量提升过程中的责任，不断改进工作，满足培养目标要求。	服务，并对学生职业生涯规划、职业从业教育有着足够的指导。5.教师明确他们在教学质量提升过程中的责任，不断改进工作。	服务，并对学生职业生涯规划及职业从业教育有着足够的指导。5.教师明确他们在教学质量提升过程中的责任，不断改进工作。	
支持条件	1.教室、实验室及设备在数量和功能上满足教学需要。有良好的管理、维护和更新机制，使得学生能够方便地使用。与企业合作共建实习和实训基地，在教学过程中为学生提供参与工程实践的平台。2.计算机、网络以及图书资料资源能够满足学生的学习以及教师资源管理的日常教学和科研所需。资源管理规范、共享程度高。3.教学经费有保证，总量能满足教学需要。4.学校能够有效地支持教师队伍建设，吸引与稳定合格的教师，包括支持教师本身的专业发展，并支持青年教师的指导和培养。5.学校能够提供达成培养目标所必需的基础设施，包括为学生的实践活动、创新活动提供有效的支持。6.学校的教学管理与服务规范，能有效地支持专业培养目标的达成。	1.教室、实验室及设备在数量和功能上满足教学需要。有良好的管理、维护和更新机制，使得学生能够方便地使用。与企业合作共建实习和实训基地，在教学过程中为学生提供参与工程实践的平台。2.计算机、网络以及图书资料资源能够满足学生的学习以及教师资源管理的日常教学和科研所需。资源管理规范、共享程度高。3.教学经费有保证，总量能满足教学需要。4.学校能够有效地支持教师队伍建设，吸引与稳定合格的教师，包括支持教师本身的专业发展，并支持青年教师的指导和培养。5.学校能够提供达成毕业要求所必需的基础设施，包括为学生的实践活动、创新活动提供有效的支持。6.学校的教学管理与服务规范，能有效地支持专业毕业要求的达成。	1.教室、实验室及设备在数量和功能上满足教学需要。有良好的管理、维护和更新机制，使得学生能够方便地使用。与企业合作共建实习和实训基地，在教学过程中为学生提供参与工程实践的平台。2.计算机、网络以及图书资料资源能够满足学生的学习和科研所需。资源管理规范、共享程度高。3.教学经费有保证，总量能满足教学需要。4.学校能够有效地支持教师队伍建设，吸引与稳定合格的教师，包括支持教师本身的专业发展，并支持青年教师的指导和培养。5.学校能够提供达成毕业要求所必需的基础设施，包括为学生的实践活动、创新活动提供有效的支持。6.学校的教学管理与服务规范，能有效地支持专业毕业要求的达成。	2012 版：学校能够提供达成培养目标所必需的基础设施，包括为学生的实践活动、创新活动提供有效的支持；学校的教学管理与服务规范，能有效地支持专业培养目标的达成。2015 版：学校能够提供达成毕业要求所必需的基础设施，包括为学生的实践活动、创新活动提供有效的支持；学校的教学管理与服务规范，能有效地支持专业毕业要求的达成。2018 版：未修订。

表2 工程教育认证通用标准解读及使用指南2022版主要变化（对照2020版）

		2020版（部分内容）	2022版（部分内容）	主要变化
学生	1.1	"质"主要包含两部分：一是生源对本专业的认识和认可；二是他们具有相对好的成绩。	"质"表示生源素质符合专业预期。	强调生源素质符合预期，不做成绩相关的要求。
	1.2	学习指导应实现以下目标：首先，应该让学生清楚专业要求，知晓毕业要求的毕业素质、能力和素养，并对实现毕业要求所具备的知识、能力和素养有所了解；其次，应该让学生明白每一门课程学习与实现毕业要求的地位和作用，增强课程学习主动性和自觉性；最后，应该建立起良好的师生沟通渠道，使学生在学习中遇到问题时能够方便地寻求帮助。	学习指导应实现以下三个目标：其一，帮助学生理解专业要求，使其知晓课程设置对毕业要求达成途径，帮助学生明白每门课程学习与实现毕业要求的支撑关系，了解课程学习与实现毕业要求的关系，增强课程学习主动性、自觉性；其二，为学生课业学习、能力成长和素质养成提供及时的帮助。	进一步明确专业指导中帮助毕业生了解课程设置与毕业要求关系及为学生提供指导和帮助的内容。
	1.3	形成性评价是指在课程教学过程中通过各种方式观察和评价学生的学习状态、发现问题、及时纠正或帮扶，帮助学生达成课程目标。形成性评价的目的是有针对性地改进教学，使尽可能多的学生对学业结束时能够满足毕业要求。	形成性评价主要体现在两个方面：其一，在课程学习过程中，任课教师能采取有效的方式对每个学生的学习进行跟踪、学生能及时反馈学习中的问题，任课教师能根据跟踪、反馈的信息对教学策略进行动态调整，并及时改进教学策略，为学生达到各个学习阶段的毕业要求提供帮助；其二，在本科学习的各个阶段，专业完善制度性的措施对学生的学业完成情况进行评估、预警和帮扶，尽可能使学生达到毕业要求，获得学位。	进一步明确任课教师对每个学生的学习情况进行动态跟踪，并及时改进教学策略，为学生达到毕业要求提供帮助的要求。
	1.4	"学分"对应的教学活动承担着为指定的毕业要求达成提供支撑的任务。	"学分"对应的教学活动承担着为指定的毕业要求达成提供支撑的任务。	不要求必须对毕业要求进行指标点分解。
培养目标	2.1	应体现德智体美劳全面发展的社会主义事业合格建设者和可靠接班人的培养总目标。专业制定培养目标时必须充分考虑内外部需求，包括学校定位、专业特色，社会需求和利益相关者的期望等。	应体现培养德智体美劳全面发展的社会主义建设者和接班人的教育方针。专业制定培养目标时必须充分考虑内外部需求，包括学校的定位、专业特色，突出专业特色，能体现社会发展对本领域职业工程师的能力要求等。	进一步强调培养目标应体现美劳全面发展的社会主义教育方针，突出专业特色，体现对社会发展对本领域职业工程师能力要求。

（续表）

		2020版（部分内容）	2022版（部分内容）	主要变化
培养目标	2.2	合理性是指专业培养目标与学校定位、专业具备的资源条件、社会需求和相关利益者的期望等内外需求条件的符合程度。	合理性是指专业培养目标与学校定位、专业特色、社会需求和相关利益者的期望等内外需求一致。	突出专业特色要求。
毕业要求	3.0	"覆盖"，是指专业制定的毕业要求在广度上应能完全覆盖毕业要求所涉及的内容，描述的学生能力和素养在程度上应不低于12项标准的基本要求。	"覆盖"，是指专业制定的毕业要求在广度和深度上应能完全覆盖毕业要求所涉及的内容，特别关注12项标准中对培养学生解决复杂工程问题的要求。复杂工程问题的主要载体是本科工程教育的核心要素，因此，本标准提出的12项毕业要求应体现了该能力的核心要素。是否覆盖毕业要求必须与本标准要求实质等效。毕业要求必须体现专业要求是否可衡量，是否可覆盖，可以通过该专业要求或者设置的观测点，是否覆盖到能力要素和素养的落实和评价来判断。	进一步强调以工程师为主要目标的本科层次的范畴定位在"复杂工程问题"，应聚焦解决复杂工程问题能力要求。进一步明确专业毕业要求，要覆盖毕业要求能力要素和能力水平。
	3.1	学生必须具备解决复杂工程问题所需数学、自然科学、工程基础和专业知识。可从下列角度理解本标准项的内涵：（1）能将数学、自然科学、工程科学的语言工具用于工程问题的表述；（2）能针对具体对象建立数学模型和数学模型并求解；（3）能够将相关知识和数学模型方法用于推演、分析专业工程问题；（4）能够将工程问题解决方案的比较与综合、自然科学、工程基础和专业类课程的教学来培养、工程基础，专业基础和专业类课程的教学基础、培养和评价。	学生必须具备解决复杂工程问题所需数学、自然科学、工程基础和专业知识。合理运用可从下列角度理解本标准项的内涵：（1）能从系统理解数学、自然科学、计算、工程科学的语言工具用于工程问题的表述；（2）具有针对具体对象建立数学模型并利用计算机求解：能针对具体本专业领域需要建立数学模型并利用计算机求解；（3）能够将相关工程知识和数学模型方法求解；（3）能够将相关工程知识和数学模型方法用于分析专业工程问题；（4）能够利用系统思维的能力，将工程知识用于本专业工程问题解决方案的比较与综合，并体现本专业领域可通过数学、自然科学、计算、工程基础和专业知识来达成。本标准项的要求可通过数学、自然科学、工程基础和专业知识的学习与应用来达成。	强调对计算相关知识、专业领域相关社会科学知识的掌握和应用能力；强调学生的数据分析方法，需要的数学知识，具有系统思维能力。说明计算机知识与应用是该标准能力达成的支撑之一。

（续表）

	2020版（部分内容）	2022版（部分内容）	主要变化
3.2	能运用基本原理，借助文献研究分析过程的影响因素，获得有效结论。本标准项描述的能力可通过数学、自然科学、工程基础、专业基础课程的教学来培养和评价，毕业学生应强调"问题分析"的方法论，培养学生的科学思维能力。	能运用基本原理，借助文献研究，并从可持续发展的角度分析影响因素，获得有效结论。本标准项描述的要求可通过数学、自然科学、工程基础课程原理等知识学习来达成，教学上应强调"问题分析"的方法论，培养学生的科学思维能力。	强调从可持续发展的角度分析问题。强调应用工程科学原理与应用对该标准能力达成的作用及教学过程中对学生独立思考能力的培养。
3.3	在设计中能够考虑安全、健康、法律、文化及环境等制约因素。本标准项描述的能力可通过设计类专业课程，以及课程设计、产品或过程设计、毕业设计等实践环节来培养和评价。	在设计中能够考虑公共安全、节能减排与环境保护，以及社会与文化等制约因素。本标准项描述的要求可通过工程设计、安全、环保和相关社会科学知识的学习，以及工程设计实践来达成。	强调设计中对公共健康、节能减排与环境保护、伦理等因素的考量。进一步明确该标准需知识体系的关联。
3.4	本标准项描述的能力可通过相关理论课程、实验课程、实践环节，以及课内外各类专题研究活动来培养和评价。	研究过程中能意识到批判性思维和创造性方法对评价新问题的重要性。本标准项描述的要求可通过本学科学术文献的分析、筛选和研究等相关知识的学习与应用来达成。	强调研究过程中批判性思维和创造性方法的重要性。进一步明确该标准要求与所需知识体系的关联。
3.5	现代工具包括技术、资源、现代工程工具和信息技术工具。能够针对具体的现代工具，开发或选用满足特定需求的现代工具，模拟和预测专业问题，并能够分析其局限性。本标准项描述的能力可通过相关的专业基础课程、专业课程和实践环节来培养和评价。	现代工具包括技术、资源、现代工程工具和信息技术工具（包括预测和建模）。能够针对具体的工程问题对象，通过组合、选配、改进、二次开发等方式创造性地使用现代工具进行模拟和预测，满足特定需求。本标准项描述的要求可通过数据分析、统计、信息技术等知识的学习与应用以及工程实践来达成。	进一步明确现代工具及"开发"的范畴和内涵。进一步明确该标准要求与所需知识体系的关联。
3.6	本标准项描述的能力可通过相关通识课程、专业课程和实习、实训等实践环节来培养和评价。	本标准项描述的要求可通过本专业领域相关的自然科学、社会科学、工程设计等知识的学习与工程实践来达成。	进一步明确该标准要求与所需知识体系的关联。

毕业要求

（续表）

	2020版（部分内容）	2022版（部分内容）	主要变化
毕 业 要 求 3.7	知晓和理解环境保护和可持续发展的理念和内涵。本标准项描述的能力可通过涉及生态环境、经济社会可持续发展知识的相关课程，以及专业课程和实践环节来培养和评价。	知晓和理解和理解"联合国可持续发展目标SDG17①"。本标准项的要求可通过涉及生态环境、经济社会可持续发展知识的学习与应用来达成。	强调对联合国可持续发展目标SDG17的知晓和理解。进一步明确该标准与所需知识体系间的关联。
3.8	理解诚实公正、诚信守则的工程职业道德和规范，并能在工程实践中自觉遵守；理解工程师对公众的安全、健康和福祉以及环境保护的社会责任，能够在工程实践中自觉履行责任。本标准项描述的能力可通过思想政治、人文艺术、工程伦理、法律、职业规范等课程，以及社团活动、社团活动等实践环节来培养和评价。	理解并遵守工程职业道德和规范，尊重相关国家和国际通行的法律法规，在工程实践中，能自觉履行工程师对公众的安全、健康和福祉和社会责任，理解和包容多元化的社会需求。本标准项的要求可通过思想政治、人文社会、科学、工程伦理、法律、职业规范等知识的学习与应用来达成。	强调对工程伦理的恪守，对相关国家和国际通行法律法规的尊重，对多元化社会需求的理解和包容。明确人文社会学科的学习与应用对该标准要求达成的支撑作用。
3.9	能与其他学科的成员有效沟通，合作共事。本标准项描述的能力可通过课内外的各种教学活动、合作性学习活动来培养和评价，并通过合理的评分标准评价学生的表现。	能够在多学科（面对面、远程互动）的团队中与其他团队成员进行有效的、包容性的沟通与合作。本标准项的要求可通过工程项目设计、工程实践等跨学科任务和合作性学习活动来达成。	明确团队合作多学科，多形式（面对面、远程互动）的特点，多形式的特点，强调包容性的沟通与合作。进一步明确该标准与所需知识体系间的关联。
3.10	了解专业领域的国际发展趋势、研究热点，理解和尊重世界不同文化的差异性和多样性。本标准项描述的能力可通过相关理论和实践课程、学术交流活动、专题研讨活动来表现。通过合理的评分标准评价学生的表现。	了解专业领域的国际发展趋势、研究热点，理解和尊重世界不同语言的理解和多样性。本标准项的要求可通过相关理论和实践教学、学术交流活动、专题研讨活动来达成。	明确对世界不同语言的理解和尊重的要求。进一步明确该标准与所需知识体系间的关联。

① 联合国可持续发展目标SDG17：2015年9月25日联合国大会193个成员国正式国正式通过17个可持续发展目标，旨在2000—2015年千年发展目标到期后继续指导2015—2030年全球发展工作，以综合方式彻底解决社会、经济和环境3个维度的发展问题，转向可持续发展道路，呼吁所有国家行动起来，在促进经济繁荣的同时保护地球。

（续表）

		2020版（部分内容）	2022版（部分内容）	主要变化
毕业要求	3.11	"工程管理原理" 主要是指按照工程项目或产品的设计和实施的全周期、全流程进行的过程管理，包括多任务协调、时间进度控制、人力资源调配等。本标准项描述的能力可通过涉及工程管理和经济决策知识的相关课程，研究类、实习实训类实践环节来培养和评价。	本标准所述的 "工程管理原理" 主要指按照工程项目或产品的设计和实施的全周期、全流程的过程管理，包括涉及不同学科交叉的多任务协调、时间进度控制、相关资源调配、人力资源配备等内容。本标准项的要求可通过涉及工程管理和经济决策知识的学习与应用来达成。	明确工程管理中任务协调涉及不同学科交叉的定义。进一步明确该标准要求与所需知识体系的关联。
	3.12	能在社会发展的大背景下，认识到自主身学习的必要性：具有自主学习的能力，包括对技术问题的理解能力，归纳总结问题的能力和提出问题的能力等。本标准项描述的能力可通过具有启发和引导作用的课程教学方法，以及课内外实践环节来培养和评价。	能在最广泛的技术变革的背景下，具有自主学习的能力，认识到自主身学习的必要性：包括对技术问题的理解能力，归纳总结能力的具备，批判性思维和创造性思维能力，以及对新技术、新事物和新问题：能接受和应对新事物和新问题带来的挑战。本标准项的要求可通过研究型学习活动，创新性实践活动，以及各类启发学生独立思考、激发学生创造力的自主学习活动来达成。	突出最广泛的技术变革的背景要求，批判性思维和创造性的具备，以及对新技术、新事物和新问题带来挑战的接受和应对。进一步明确该标准要求与所需知识体系的关联。
持续改进	4.1	本标准项关注两个机制的建立，即教学过程质量监控机制和毕业要求达成情况评价机制，这两个机制的核心是面向产出的课程质量评价。毕业要求达成情况评价是通过收集的相关数据和学生四年学习评价数据和学生表现评定量的课程质量评价数据进行分析和结果。对这些数据进行定量或定性的统计分析和结果解释后，对应届毕业生达成毕业要求的情况作出的评价。	本标准项关注两个机制的建立，即教学过程质量监控机制和毕业要求达成情况评价机制，这两个机制的核心是面向产出的课程质量评价。毕业要求达成情况评价是面向产出的课程质量评价，最能表征专业内涵的学习成果的评定。毕业要求达成应为最具代表性、最能表征专业内涵的学习成果，并对这些数据进行分析和结果解释后，对毕业生达成毕业要求的情况作出的评价。	进一步强调面向产出的课程质量评价是核心。明确毕业要求达成应为最具代表性、最能表征专业内涵的学习成果的相关表征数据。
	4.3	专业应根据标准项 4.1 和 4.2 中要求的内部和外部评价结果，发现专业培养方案设计和课程教学实施过程中存在的问题，及时反馈给	专业应根据标准项 4.1 和 4.2 中要求的内部和外部评价结果，发现专业培养方案设计和课程教学实施过程中存在的问题，及时反馈给	明确师资配置和支持条件是持续改进的内容之一。

（续表）

		2020版（部分内容）	2022版（部分内容）	主要变化
持续改进	4.3	相关责任人、对专业培养目标、学生毕业要求、能力达成指标、课程体系设置、课程及教学过程、评价机制、评估和评价等方面进行科学化、系统化、持续化的改进。	相关责任人、对专业毕业要求、课程体系设置、课程及教学过程、评估及教学支持条件等方面进行科学化、系统化、持续化的改进。	
	5.0	支持毕业要求的所有课程都应该将"解决复杂工程问题"的能力培养作为教学的背景目标，各类课程应各司其责、共同支撑该能力的达成。	在课程体系设计时应考虑各类课程在培养学生解决复杂工程问题能力中发挥的作用，支持毕业要求的所有课程都应该将"解决复杂工程问题"的能力培养作为教学的主要目标之一，各类课程应各司其责、共同支撑该能力的达成。	进一步强调课程体系设置对解决复杂工程问题能力培养的支撑。
课程体系	5.1		此类课程涵盖：（1）适用于本专业所属学科的，用于支撑具体建模的数学、数值分析、数据分析、统计学及计算机和信息科学知识；（2）适用于本专业所属学科的自然科学的系统化理论理解和运用。	进一步明确该类课程与所需知识体系的关联；进一步强调数学类课程知识及应用与专业所属学科的关联性。
	5.2		工程基础类课程涵盖：本专业所需的系统化的、基于理论的工程基本原理；专业基础类课程：能够为本专业所属学科的公认实践性工作提供理论框架和知识体系、能体现本学科前沿的知识。专业类课程涵盖：（1）能够为实践工作中的工程设计相操作提供支撑的，包括有效利用资源、环境影响、整个生命周期成本、净零碳排放和类似概念的知识；（2）专业所属学科当前研究性文献中的有关知识，以及批判性思维和创造性思维的方法论。	进一步明确该类课程与所需知识体系的关联；进一步强调专业基础类知识需涵盖本学科前沿；进一步强调专业课程需涵盖本专业有效利用资源、环境影响、整个生命周期成本、资源再利用、净零碳排放和类似概念的知识，及批判性思维和创造性思维的方法。
	5.3		此类课程涵盖：本专业所属工程学科实践工作中所涉及的工程实践知识和方法，学生综合运用所学知识和理论解决实际问题的实践环节。	进一步明确该类课程与所需知识体系的关联；进一步强调该类课程应关注

（续表）

	2020版（部分内容）	2022版（部分内容）	主要变化
课程体系 5.3		此类课程应关注本学科工程实践和复杂工程问题中的工程意识。	本学科工程实践和复杂工程问题中的工程意识。进一步明确该类课程与所需知识体系的关联，知识体系的关系。
5.4		此类课程涵盖：人文社科类知识、职业伦理、社会责任和工程实践规范的知识，以及工程伦理、环境及法律方面的知识。	进一步强调该类课程对职业规范知识的覆盖要求。工程实践对职业规范知识的覆盖要求。

（二）工程教育专业认证工作要求变化

根据工程教育认证工作发展形势及工程教育专业认证标准变化，中国工程教育专业认证协会对与专业认证标准配套的相关文件，包括工程教育专业认证申请书、工程教育专业认证自评报告、工程教育专业认证报告等系列文件进行了持续的修订与完善，以更好地指导专业开展认证工作，并引导专业认证工作焦面向产出导向评价机制的有效运行等工作。为此，近3年中，3次修订工程教育专业学设计在课程层面的实质落实和产出导向，2次修订工程教育专业认证自评报告和工程教育专业认证报告，主要修订内容及撰写要求变化详见认证申请书，表3、表4、表5。

表3　工程教育专业认证申请书撰写要求主要变化

	2021 版	2022 版	2023 版
突出主线底线相关要求	要求专业关注课程目标达成情况评价所基于数据的合理性，包括数据内容、数据来源、收集方法，重点在课程目标与毕业要求的匹配，教学内容、考核内容与方式及其质量标准与课程目标的匹配等。	要求专业提供课程目标评价与毕业要求评价制度原始文档，避免出现"两张皮"；进一步明确对评价依据合理性的有关要求，明确需提交考核内容方式审核原始记录的核心课程范围；要求提供 2～3 门课程评价依据原始数据作为证明评价机制的重要证据。	进一步明确附件需提供部分课程近 3 年的原始教学、评价材料，引导专业建立面向产出的课程质量评价机制。
简化撰写内容	明确申请材料的提交并不是"越多越好、越齐越好"，符合申请书中要求即可。如附件材料 3 中所需的专业核心课程教学大纲，建议提供 10 门左右；考试 / 考核内容为试卷样卷，并不是提交所有考试 / 考核的学生试卷，建议提交 5～10 门，包括申请书正文第四部分（面向产出的课程目标达成情况评价机制和毕业要求达成情况评价机制）所涉及的 2～3 门课。	要求提供原始制度和文档，避免过多撰写有关机制、制度的说明材料。修订申请书中的"专业基本情况数据表"，确保与高等教育质量监测国家数据平台的填报内容与要求基本一致，减少数据整理填报工作量。	去掉正文"专业培养目标和毕业要求"文字描述，只需在附件中提供培养方案原始文件。大幅简化正文"面向产出的课程目标达成情况评价机制和毕业要求达成情况评价机制"的撰写内容，只需以表格形式简要提供机制建立和实施的基本情况、用于毕业要求达成评价的课程信息。具体内容以附件形式提供原始材料。不再需要专业提供基本情况数据表，由认证协会商教育部教育质量评估中心直接通过国家数据平台导出。

表4　2020 版、2022 版工程教育专业认证自评报告撰写要求主要变化

	2020 版	2022 版
突出主线底线相关要求	聚焦产出评价机制底线。如在"持续改进"章节中，明确了对专业建立产出评价机制的要求。	明晰部分指标项（1.2、1.3、4.1）的撰写要求。进一步聚焦重点，对产出评价依据的试题、任务书等原始材料，明确材料准备要求，进一步落实产出主线和评价机制底线。
重点关注的新要求	落实立德树人根本任务。如在"学生"章节中，加入了专业如何开展立德树人教育，如何引导学生理解和践行社会主义核心价值观的要求。	强化工程实践环节相关内容撰写要求。进一步强化实习、综合性设计、毕业设计（论文）等实践教学环节对学生工程实践能力培养的有关要求。
简化撰写内容	各章节中均适当简化或放宽了对文书的要求。	要求学校提供原始制度文档、教学材料等，不必再做较大篇幅的文字描述。

表5　2020版、2021版工程教育专业认证报告撰写要求主要变化

	2020版	2021版
突出主线底线相关要求及简化撰写内容	对于标准项1、2、6、7，如已达成，仅需在标准达成情况中填写"达成"（此前版本要求描述达成具体情况）；如"未达成"，需在标准达成情况中详细描述存在的问题。对于标准项3、4、5，下列标准要求的达成情况需重点描述：判断"专业毕业要求覆盖通用标准且可衡量"达成的主要依据；判断持续改进标准4.1达成的主要依据；判断"课程体系支持毕业要求"达成的依据。	专家组应逐条对照认证标准判断标准项"达成情况"的结论，并对照认证标准的二级指标撰写"问题及关注项"。对于标准项3，判定"达成"后，整体描述判断专业制定的毕业要求覆盖专业认证通用标准12条毕业要求的主要依据，无须逐条描述；对于标准项4.1，判定"达成"后，描述判断达成的主要依据；对于标准项5.0，判定"达成"后，描述判断"课程体系支持毕业要求"达成的主要依据。

综上，工程教育专业认证工作要求相关文件修订的主要变化清晰显现两个要点。

一是突出主线底线要求。明确抓住面向产出主线和守牢面向产出评价底线的导向和要求，特别是课程目标达成情况评价机制建立和有效运行情况及相关证据链条的完整性要求，尤其关注课程目标达成评价依据的合理性及原始证据的有效性。该导向和要求指导工程专业根据工程教育内外部需求确定培养目标，根据培养目标确定毕业要求，根据毕业要求确定课程体系、课程目标、教学内容及教学策略。通过开展面向产出的课程目标达成情况评价，判断课程教学产出达成情况，并开展课程教学内容及策略的持续改进工作；通过开展基于课程目标达成评价的毕业要求达成评价，判断学生学习产出达成情况，并开展课程体系及课程教学活动相关的持续改进工作；通过开展培养目标达成情况评价，判断专业教育产出达成情况，并开展毕业要求持续改进工作。工程教育专业认证申请书和自评报告通过原始证据材料，证明专业相关机制的建立及有效运行情况能够有效支撑专业人才培养目标的达成。专家通过上述材料的审核及现场考察的查证，判断相关机制的建立和运行情况，及其对专业人才培养的支撑情况。主线和底线要求的明晰，有利于专业和专家在认证工作中抓住重点，关注要点，发现影响人才培养质量的关键问题，用以指导专业及时开展相关持续改进工作。

二是简化撰写内容，减轻专业材料准备负担和专家审核负担。减少申请书和自评报告正文撰写工作量，将相关机制文件作为附件提供，减少对机制文件

的描述性文字；简化及放宽相关材料的撰写要求，使专业不过分拘泥于文字要求条框限制；减少证明性文字的撰写比例，要求专业通过原始材料证据证明相关工作的运行情况及效果。此外，2022 年的认证申请工作已不要求提交专业基本情况数据表，减轻专业负担的同时，通过认证协会教育部教育质量评估中心直接通过国家数据平台导出，保证相关数据的统一性与真实性。在工程教育专业认证报告撰写要求中，对于标准项 1、2、6、7 的达成情况不再要求具体说明，只要重点阐明标准项 3、4、5 的达成情况，特别是标准项 3、标准项 4.1 和标准项 5.0 的达成情况。上述修订及变化在减轻学校专业负担的同时，突出认证工作重点，引导学校聚焦工作重点，回归认证初衷，避免申请书、自评报告等材料与专业工程教育实际"两张皮"；引导专家重点关注专业主线和底线相关机制的建立和运行情况，发现关键问题，指导专业开展及时有效的改进。

三、工程教育专业认证标准及工作要求变化反映了什么

通过回顾我国工程教育专业认证发展历程，梳理工程教育专业认证标准、标准解读及相关工作要求变化脉络，我们可以清晰发现，我国工程教育专业认证标准与国际标准保持持续接轨，工程教育专业认证工作 OBE 进程在持续走向深化。

（一）工程教育专业认证标准持续接轨国际标准

从我国建立工程教育专业认证体系之初，即对标国际标准，以实现本科工程学位国际互认为重要目标，研究制定我国工程教育专业认证标准。此后，我国在不同时期均将认证标准及标准解读的修订与完善置于国际工程教育发展的大框架中，保持与国际标准的持续接轨。2012 版认证标准借鉴了美国工程技术认证委员会制定的工程类专业认证标准框架。2015 版认证标准中毕业要求项遵循《华盛顿协议》毕业要求框架（2013 版）（见表6）[2] 相关要求。2018 版认证标准重点厘清标准项中毕业要求、持续改进、课程体系的内涵和外延。2020 版标准解读在对标准进行解读的同时，着重强调立德树人要求在人才培养活动中落实的有关要求。2022 版标准解读进一步明确落实立德树人

根本任务的有关要求，同时，针对《华盛顿协议》毕业要求框架（2021 版）（见表 6）有关修订内容，在毕业要求、课程体系等标准项的解释中明确落实联合国 2030 年可持续发展目标的有关要求，在毕业生素质与职业能力中进一步明确计算思维、可持续发展、全生命成本、净零碳排放目标、多样性和包容性等内容要求。

以毕业要求为例，毕业要求项作为认证标准的关键内容，规定了毕业生能力素养要求框架。我国标准毕业要求在毕业生能力和素养要求方面与《华盛顿协议》毕业要求框架保持了实质等效。通过表 1 中我国 2015 版、2018 版标准毕业要求与表 6 中《华盛顿协议》毕业要求框架（2013 版）的比对，我们可以看到二者的架构具有高度一致性，内涵具有实质等效性，存在的差异主要体现在：毕业要求问题分析项中，未涉及"第一性原理"的表述；职业道德项中，使用"职业道德"替代了"伦理"，该项毕业要求内涵表述亦有一定差异；沟通项中，使用"复杂工程问题"替代了"复杂工程活动"；项目管理项中，未单独体现"财务"；个人与团队项和终身学习项表述略有差异等方面。通过表 2 中 2022 版标准解读对标准毕业要求内涵的解释与表 6 中《华盛顿协议》毕业要求框架（2021 版）的比对，我们可以看到二者的内涵保持实质等效。

通过十余年的工程教育认证探索与实践，我国工程教育专业认证标准中毕业要求聚焦能力产出的内核逐步明确。工程知识、问题分析、设计 / 开发解决方案、研究、使用现代工具属于专业技术能力范畴，体现专业水平和能力；工程与社会、环境与可持续发展、职业规范、项目管理属于约束处置能力范畴，体现工程意识与能力；个人与团队、沟通、终身学习属于非技术能力范畴，体现开展复杂工程活动必备的个人素养[3]。认证标准中毕业要求聚焦复杂工程问题解决能力的产出层次逐步明晰，12 项毕业要求体现了解决复杂工程问题能力的核心要素。工程知识、问题分析、设计 / 开发解决方案、研究、使用现代工具、工程与社会、环境和可持续发展、沟通等 8 项毕业要求，均明确将学生学习成果产出聚焦到解决复杂工程问题能力上；职业规范、个人与团队、项目管理、终身学习，字面虽未提及"复杂工程问题"，其内涵均聚焦解决复杂工程问题所必需的非技术能力及相关的工程意识与素养要求。2022 版标准解读进一步明确，以工程师为主要目标的本科层次人才培养应将解决问题的范畴定位在"复杂工程问题",强调本科工程教育的主要任务之一是培养学生解决复杂工程问题的能力。我国标准毕业要求聚焦能力产出的内核和复杂工程问题解决能力的产出层次,有效推动了工程教育专业教学从知识课堂向能力课堂的转变、从低阶课堂向高阶课堂的转变,有力推动了我国工程教育人才培养质量的不断提高及与工程社会实践需求的有效契合。

　　工程教育专业认证标准及标准解读的持续修订与完善,体现了我国工程教育专业认证理论研究和实践探索不断深入的轨迹;反映了我国为适应国际工程教育认证发展形势,满足我国工程教育改革和深入推进认证工作的需要不断自我更新的轨迹;也反映了工程教育专业认证标准架构、内涵与国际标准持续对接的轨迹。

表6　《华盛顿协议》毕业要求框架 2013 版、2021 版

2013 版	2021 版
工程知识:将数学、自然科学、工程基础和专业知识用于解决复杂工程问题。	工程知识:应用数学、自然科学、计算与工程基础以及专业知识开发复杂工程问题的解决方案。
问题分析:利用数学、自然科学和工程科学的第一性原理,识别、表达并通过文献研究分析复杂工程问题,以获得有效结论。	问题分析:利用数学、自然科学和工程科学的第一原理,结合可持续发展的整体考虑,识别、表达、研究文献和分析复杂工程问题,以获得有效结论。
设计/开发解决方案:设计针对复杂工程问题的解决方案,设计满足特定需求的系统、部件或工艺,并恰当考虑公众健康与安全、文化、社会及环境因素。	设计/开发解决方案:设计针对复杂工程问题的解决方案,设计满足特定需求的系统、部件或工艺,并恰当考虑公共健康和安全、整个生命周期成本、净零碳,以及资源、文化、社会和环境要求。
研究:利用基于研究的知识与研究方法对复杂工程问题进行研究,包括设计实验、分析与解释数据,并通过信息综合得到合理有效的结论。	研究:利用研究方法对复杂的问题进行研究,包括基于研究的知识、设计实验、分析和解释数据,并通过信息综合得到合理有效的结论。
使用现代工具:针对复杂工程问题,开发、选择与使用恰当的技术、资源、现代工程工具和信息技术工具,包括预测与模拟,并能够理解其局限性。	使用工具:针对复杂工程问题,开发、选择与使用恰当的技术、资源、现代工程工具和信息技术工具,包括预测与模拟,并能够理解其局限性。
工程师与社会:基于工程相关背景知识进行合理分析,评价专业工程实践和复杂工程问题解决方案对社会、健康、安全、法律及文化的影响,理解应承担的责任。 环境和可持续发展:理解和评价针对复杂工程问题的工程实践对环境、社会可持续发展的影响。	工程师与世界:解决复杂工程问题时,分析和评估可持续发展对社会、经济、可持续性、健康和安全、法律框架和环境的影响。

（续表）

2013 版	2021 版
伦理：运用道德原则，遵守职业道德与职责以及工程实践规范。	伦理：运用道德原则，遵守职业道德和工程实践规范及相关国家和国际法，理解多样性和包容性的必要性。
个人与团队：在多样化团队及多学科环境中，作为个人、成员或领导者有效地发挥作用。	个人与团队：在多样化和包容性团队及多学科、面对面、远程和分布式环境中，作为个人、成员或领导者有效地发挥作用。
沟通：能就复杂工程活动与业界及社会公众进行有效沟通和交流，如能够理解、撰写有效报告和设计文档，进行有效的介绍，给予和接受明确的指令。	沟通：就复杂工程活动与工程界及社会公众进行有效的和包容性的沟通和交流，如能够理解、撰写有效报告和设计文档，进行有效的介绍，在此过程中考虑到文化、语言和知识的差异。
项目管理与财务：理解并掌握工程管理原理与经济决策方法并将其应用于自己的工作，作为团队成员和领导者应用于管理项目和多学科环境。	项目管理与财务：理解和掌握工程管理原理和经济决策方法，将其应用于自己的工作，作为团队成员和领导者应用于管理项目和多学科环境。
终身学习：认识到在最广泛的技术变革背景下自主学习和终身学习的必要性，准备好并具有从事终身学习的能力。	终身学习：认识到在最广泛的技术变革背景下有必要并准备好和有能力自主学习和终身学习；适应新技术和未来技术；在最广泛的技术变革背景下培养批判性思维。

（二）工程教育专业认证持续深化的 OBE 进程

成果导向教育 OBE 是基于学生学习产出的教育模式，于 1981 年由斯巴迪（Spady）等人提出，是美国、英国、加拿大等国家教育改革的主流理念。其作为工程教育专业认证的"灵魂"，是《华盛顿协议》的核心理念[4]。专业认证带给我国工程教育的新理念以及由此引领的工程教育改革，比专业认证本身意义更大、影响更深远[5]。在十余年的工程教育专业认证及基于专业认证理念的工程教育改革实践探索中，我国对 OBE 理念及其内涵的理解不断深入，OBE 进程持续深化，基于 OBE 的工程教育改革不断向纵深发展。

OBE 是以各层次学习成果达成为目标，以学生为中心，以持续改进为保障的教育模式，强调学习成果的预先设定及成果达成情况的定期评价，并将评价结果用于持续改进。面向产出的反向教学设计和教学质量保障机制是其两个重要特质。

我国开展工程教育专业认证工作的十余年，高等工程教育经历了由传统正向教学设计向反向教学设计的逐步转变。传统教学模式中，课程先于培养目标、毕业要求存在，课程教学内容先于课程目标存在，这是课程导向教育模式。根据学科导向原则确定课程体系，根据课程体系确定毕业要求和培养目标；根据课程教材确定课程教学内容，根据教学内容确定课程目标及教学策略。根据学科导向原则确定的课程体系以及根据课程教材确定的教学内容成为人才培养的"制导"。该教育模式关注学生对学科专业知识体系掌握的程度，对工程实践及工程行业需求重视不足，一定程度上造成了我国工程教育专业毕业生供给的结构性矛盾。我国开展工程教育专业认证及基于OBE的工程教育教学改革后，工程教育专业遵循反向教学设计，根据内外部需求确定培养目标，根据培养目标确定毕业要求，根据毕业要求确定课程体系和课程目标，根据课程目标确定教学内容、策略及评价方案；开展正向实施，根据面向产出的课程教学设计开展各环节的教学实施，以达成既定课程目标，进而支撑毕业要求和培养目标的最终达成。工程实践对工程教育人才培养模式及质量的诉求得到重视，专业教育产出与高等工程教育内外部需求契合度逐渐提高。OBE教育模式的优势还在于支持专业因时而动，主动作为。我国部分工程教育专业通过对工程实践、产业发展和社会变革的科学思考和合理研判，以及对未来工程师应具备的关键特性和主要能力进行预测，确定具有先发优势的专业培养目标和人才培养方案，以期动态满足新科技革命和产业变革对工程科技人才结构、层次及数量的需求。

我国开展工程教育专业认证工作的十余年，高等工程教育经历了由传统教学质量监控到面向产出教学质量保障的逐步转变。传统教育模式中的质量监控关注教师教学质量，通过评教、听课等措施监督控制教师教学工作的开展情况。OBE教育模式强调教学质量保障机制的建设和有效运行，关注各子系统的闭环反馈和循环改进。我国开展工程教育专业认证及基于OBE的工程教育教学改革，为高等工程教育注入了全新的质量标准意识、质量文化意识。课程将其对毕业要求的支撑任务具体化，确定课程目标、教学内容与策略、考核方式及评价标准，明确课程质量标准。毕业要求将其对培养目标的支撑任务具体化，确定学生通过本科阶段学习能够获得的技术能力、非技术能力及相关工程意识和素养，明确专业质量标准。质量标准引领工程教育专业按照预先确定的施工图，基于标准开展课程教学等各项人才培养活动，基于标准评价判断课程教学产出、学生学习产出达成情况，基于标准和评价结果开展各系统的持续循环改进，保证各项能力产出的达成。质量标准意识唤起人才培养链条上所有参与人员的质量文化意识。明确的质量标准，促进任课教师明确自己在保证各项学习产出达成中的责任与任务，根据面向产出的教学设计开展课程教学活动，对标标准评价学生课程目标达成情况，并开展课程教学内容与策略的持续改进工作。明确的质量标准，为学生提供了清晰的学习目标及目标达成标准，引导学生有效规划学习路线图，以积极主动的态度开展各项学习活动，对各项学习进程及效果进行自我评价。明确的质量标准，引导教学管理人员围绕工程教育专业人才培养质量的提高，开展更有效的教学管理活动，在学校及学院相关文件机制建设及教学管理方面支撑保障专业人才培养各项活动的有序推进。

四、工程教育应变

通过对我国工程教育专业认证发展历程的回顾和对工程教育专业认证标准及相关工作要求变化的梳理，我们可以看到近一段时间内，我国工程教育专业认证体系内涵建设及由认证理念引领的高等工程教育改革的工作方向是明确的，即继续推动认证相关工作由"形似"向"神似"转变。工作重点是明晰的，即抓住面向产出主线，特别是面向产出反向教学设计在课程层面的实质落实；守牢面向产出评价底线，特别是面向产出的课程目标达成评价机制的有效运行。

（一）抓住主线

在传统的工程教育人才培养过程中，按照学科导向原则，根据学科知识逻辑结构建构课程体系，根据课程体系确定毕业要求和培养目标，人才培养过程与工程实践、工业界需求脱节。按照成果导向教育理念，根据内外部需求确定培养目标，根据培养目标确定毕业要求，并将毕业要求包含的工程技术能力、非技术能力、工程意识与素养等要求，通过课程体系、课程目标、课程教学活动，逐层传导、实施、评价与持续改进，保证课程目标达成、毕业要求达成及培养目标达成，实现人才培养过程和结果与工程教育内外部需求的契合。

1. 面向产出的培养目标

确定培养目标是人才培养方案设计的起点，培养目标是人才培养活动的总目标。抓住主线的第一步即根据工程教育内外部需求确定培养目标，并建立基于培养目标合理性评价的培养目标修订机制，保证培养目标与工程教育内外部需求的持续契合，保证培养目标持续面向产出。

在工程教育实践中，参与认证专业在培养目标符合学校定位、适应社会经济发展需要、建立培养目标合理性评价机制等方面均取得了长足的进展，根据科学范式确定专业培养方案的情况已经有了很大改观。但目前工科毕业生供给结构性矛盾依然存在，这已成为制约我国制造业转型升级的现实瓶颈。在工程教育发展的新形势下，工程专业培养目标的确定和修订需聚焦国家发展战略需求、创新驱动发展及制造业转型升级对工程科技人才的能力素质的要求，并对未来工程师应具备的关键特性和主要能力进行科学预测，构筑工程科技人才培养的先发优势。专业应建立规范化、制度化的社会需求调查机制，通过社会调研、行业座谈、用人单位及校友调查等多种渠道，定期对社会需求进行有针对性的调查研究。并将企业行业专家、用人单位、校友参与培养目标的制定和修订制度化，保证上述人员参与该项工作的程度、效果及稳定性。同时，工程教育专业还需明确不同专业的服务领域、职业特征和人才定位的差异性，从国家战略布局、地方经济发展，学校人才培养定位、办学特色、历史积淀、学科优势，专业特有的办学历史、办学理念、办学特色及资源条件等方面总结凝练专业的特质，以合适的方式体现和落实到培养目标和人才培养过程中。保证培养目标符合国家对工程科技人才需求的产出、工程科技发展变化的产出和学校办学定位及专业特色优势的产出。具体内容将在第三章详细说明。

2. 面向产出的毕业要求

毕业要求是专业人才培养的质量标准，毕业要求的达成是培养目标达成的根基。毕业要求将培养目标中近期（毕业时）目标具体化，通过课程体系及课程教学予以落实，并通过课程目标达成情况及毕业要求达成情况予以评价。毕业要求上承培养目标，下启课程体系及课程教学设计。

传统工程教育中，根据学科知识逻辑结构确定学生毕业时应具备的知识、能力和素养要求，关注学科知识掌握情况。新形势下的工程教育，根据成果导向原则，毕业要求需要能够支撑面向产出的培养目标，聚焦被纳入专业培养目标的、需要通过本科阶段学习具备的工程技术能力和非技术能力及工程意识与素养，这是抓住主线的关键。工程教育专业认证实践中，专业毕业要求与标准毕业要求的内涵及对各项能力的程度描述，高度相似的情况相当普遍。为数不少的专业将标准毕业要求直接套用，仅在各项毕业要求中加入专业领域限定语。这种情况在工程教育专业认证及基于OBE的工程教育改革开展之初，对专业快速建立基于成果导向的专业教育体系相对有效。但这种毕业要求确定模式仅是在形式上抓住了主线，实际上未能实现毕业要求对培养目标的有效支撑。专业培养目标是根据国家经济、科技、社会发展对相关专业领域人才的需求，基于学校的办学定位、办学特色和办学条件，结合专业的办学状况确定的。不同专业培养目标对学生职业领域、职业特征、人才定位、职业能力方面的要求和体现各不相同。在根据工程教育内外部需求确定面向产出的培养目标基础上，专业应根据培养目标、培养定位及专业特点等因素，通过毕业要求的制定，特别是对各项学习产出使用准确的程度性描述和专业的个性化限定，恰当表述本专业毕业生应具有的知识、能力和素质要求，体现专业特色和人才培养特质，实现毕业要求对培养目标的有效支撑。具体内容将在第四章详细说明。

3. 面向产出的课程质量标准

建立面向产出的课程质量标准是抓主线的核心。成果导向人才培养体系设计是自上而下的，终至课程，表现为培养目标顶层设计是起点，经过毕业要求及课程体系设计，将能力培养任务传导至课程，进行课程目标、教学内容与方式、课程考核方案的设计。课程教学设计与具体实施情况是人才培养目标达成的根基。成果导向人才培养体系实施是自下而上的，始于课程，表现为由课程教学实施支撑课程目标达成，课程目标达成支撑毕业要求达成，毕业要求达成支撑培养目标达成。课程教学产出达成是学生学习产出、专业教育产出达成的基础。

在工程教育实践中，落实成果导向教育理念已成为共识。工程教育专业能够根据内外需求确定培养目标和毕业要求，但毕业要求与课程体系及课程教学设计的关联，特别是在课程对毕业要求的有效支撑，课程遵循其支撑任务设计教学内容并实施，基于产出开展聚焦能力的评价，基于评价结果开展持续改进工作等方面仍存在较多问题。解决这些问题以保证课程目标的达成，进而支撑毕业要求和培养目标达成的关键在于 OBE 全面进课堂。课程目标需要面向产出，能够清晰表述学生通过课程学习能够获得的能力提升，并能够有效支撑相关毕业要求。课程教学内容、策略及实施需要面向产出，能够体现以知识为载体，以解决复杂工程问题能力培养为目标的主线，并能够有效支撑课程目标的达成。课程考核方式与内容需要面向产出，聚焦课程目标所包含的能力，考核评估数据能够有效评价课程目标的达成情况并基于此开展相关持续改进工作。具体内容将在第六章详细说明。

（二）守牢底线

工程教育认证从"形似"向"神似"的转变面临"瓶颈"，即尚未从根本上解决产出导向评价机制建设问题，部分专业的产出导向评价机制流于形式[6]。面向产出评价机制的实质建立，评价工作对能力产出真实聚焦，持续改进工作，对各项学习产出达成有效保障是突破"瓶颈"的关键。

1. 面向产出评价机制的实质建立

工程教育及工程教育专业认证实践中，大部分工程专业已经建立了课程目标达成情况评价、毕业要求达成情况评价等机制。通过文件对上述评价机制的责任机构、责任人和主要职责，评价对象和评价周期，评价过程（包括评价数据收集的内容、方法和来源，确认这些评价数据与评价目的是否相关的措施），评价方法及评价结果用于持续改进的要求等内容进行规范和约束。这是机制建立的"形似"。如何做到"神似"？关键之一在于评价机制是面向产出的，通过文件机制引导专业对学生学得怎么样进行评价，而不是传统教学质量监控中通过"评教"聚焦教师教得怎么样；关键之二在于为保证评价机制面向产出，能够准确评价各项产出的达成情况，机制文件对用于评价的数据的有效性、数据与学生能力产出相关性的合理性审核进行了明确要求和规范，从制度上保证专业在进行相关评价实践时不陷入"算分"的泥潭；关键之三在于文件能够有效指导规范工作，对评价工作的开展具有明确的引导作用，并对评价结果的使用进行规范，用以指导基于评价结果的持续改进工作能够有效开展。

2. 面向产出评价机制的有效运行

根据上述机制开展课程目标达成评价及毕业要求达成评价的实践中，如何聚焦产出，如何保证评价结果能够真实反映学生学习产出达成情况，是接下来一个时期工程教育和工程教育专业认证工作的重点之一，也是守牢底线的核心。评价实践如何聚焦产出，从源头上看，需要追溯至培养目标、毕业要求及课程体系面向产出，但从目前工程教育实践集中的问题来分析，关键是在课程目标、课程教学内容与策略面向产出基础上，考核评价面向产出的有效运行。具体工作包括：保证考核内容面向产出，在明确了各课程目标能力要求的基础上，确定各考核环节的具体考核内容如何实现对这些能力目标的有效考核，保证考核结果能体现学生相关能力的达成情况；正确的考核方法有利于学习产出达成情况的准确评价，考核方式应根据课程目标对毕业要求的支撑任务、教学内容、教学环节的具体情况设定，根据各个课程目标能力产出的性质和形式设计多维度的考核评价体系，聚焦学生的学习收获和学习体验；评价数据有效性审核机制能够把控评价依据与能力产出的关联程度，专业应有专门组织机构或负责人对用于评价的数据内容、数据来源、收集方法的合理性进行审核，未经过学生能力相关性分析的考核结果及调查结果不能用于课程目标达成评价和毕业要求达成评价。

3. 面向产出持续改进机制的有效运行

工程教育专业认证工作的重要意义之一在于促进工程教育专业树立持续改进的质量意识，形成面向产出的持续改进机制，开展有效的持续改进工作，保障各项学习产出的达成。持续改进工作是面向产出的，其着眼点和发力点均在于保障学习产出达成，是守牢底线的固有之义。面向产出评价机制的实质建立和有效运行是持续改进工作有效开展的前提和基础。评价结果准确，评价结果分析合理，能够清晰呈现学生学习产出达成的短板，才能保证持续改进工作有效开展。在面向产出评价机制的实质建立和有效运行的基础上，通过对课程目标达成评价、毕业要求达成评价、培养目标达成评价等环节中反映出的影响学习产出达成的因素进行全面系统的分析，结合上一轮持续改进的开展情况，确定与评价结果相互关联的改进措施。同时，通过机制对改进措施的审核、具体实施的跟踪、改进效果的评价予以规范，开展制度化的持续改进工作，以保证其可持续性和有效性。具体内容将在第八章详细说明。

第二章　工程教育专业认证基本理念

工程教育专业认证遵循3个基本理念：学生中心，成果导向，持续改进。这些理念对引导和促进专业建设与教学改革、保障和提高工程教育人才培养质量至关重要。目前，在我国工程教育实践中以下问题还较为普遍：学生中心理念尚未有效落实；成果导向的教育理念在认识层面已有广泛共识，但系统体现在专业教育实践中的典型案例和成功经验还不突出 [6]；持续改进质量文化意识尚未深入人心，持续改进机制面向产出及有效运行还有待完善和加强等。为进一步加大我国工程教育改革和质量提升工作力度，我们有必要深入梳理和分析工程教育专业认证的核心理念，保证工程教育专业认证及基于认证理念的工程教育改革更好地向纵深推进，使人才培养质量更加符合学生发展需求，更加符合行业企业发展需求。

一、学生中心

ABET 颁布和实施重视学生产出的 EC2000 认证标准后，从 20 世纪末开始，欧美各国工程教育认证组织都先后改革认证标准，视学习产出为一项重要的质量准则，并由此延伸开来，在国家学位标准、高校教育目标、专业培养计划中都以学习产出为重要质量准则。《华盛顿协议》各成员大多数采取成果导向的认证标准，即将学生表现作为教学成果的评价依据，并以促进专业持续改进作为认证的最终目标 [7]。以学生学习产出为导向，反映了学生中心和成果导向的人才培养理念。学生中心是成果导向的应有之义，成果导向是学生中心的充分体现。

工程教育专业认证强调学生在毕业时应当具有和展现出特定的知识、能力和素养。这其中最为重要的是确定学生应该具有和展现怎样的知识、能力和素养，通过什么途径保证和判断其达成。学生是这些关键问题的核心，学习成果确定、学习活动组织实施、学习成果评价及持续改进均应体现学生中心。教师需要教什么、如何教、怎样评价学生学习效果等都应与课程目标达成，进而与其对毕业要求相关内容的支撑紧密地联系起来。

目前，我国高校虽然均强调以学生为本，但如何将以学生为中心的理念落在实处还有很长的路要走。2013 年，教育部高等教育教学评估中心首次研制发布了《中国工程教育质量报告》（2013 年度）。据时任评估中心主任吴岩介绍，此"报告"首次用以学生学习体验和感受对我国工程教育质量状况进行满意度评价的方法。"学生满意度"评价是目前国际上通行的质量评价方法，即以学生的视角，以学生学习成果达成情况为基准，判断专业人才培养质量和水平，体现了"以学生为中心"的高等教育新理念[8]。工程教育专业应认真审视以学生为中心的应然性，在人才培养各个环节中有效落实以学生为中心，逐步实现人才培养从"以教为主"到"以学为主"的转变，从"输入式教学"到"主动性学习"的转变。

（一）以学生为中心的应然性

以学生为中心强调学生在学习过程中的主体地位，所有教育教学活动均围绕学习产出的达成来开展。从知识、能力、素养发展的客观规律来看，让学生在教师的指导下，最大限度主动自觉地参与教育过程，能够有效促进学生的全面发展。美国人本主义心理学主要代表人卡尔·兰塞姆·罗杰斯（Carl Ransom Rogers）认为："传统的教学是建立在对人的本性错误的假设上的，其所采用的灌输的方式使学生处于被动接受的状态，成为无主见、缺乏适应性的个体。"他说："学习者都具有自我实现的潜能，有自我意识、自我指导和自我批判的能力，教学活动必须从受教育者的实际情况出发，必须有益于受教育者身心的健康发展。"

从本科高等教育目标来看，人才培养是大学功能的历史起点。大学的本义是培养人才，本科生的培养是整个大学教育的基础，大学功能是以培养学生综合能力为核心的系统体系。哈佛大学前校长德雷克·博克（Derek Bok）在《回归大学之道：对美国大学本科教育的反思与展望》中指出，本科教育的目标应该是多方面的而非单一的，同时根据严格的选择，挑选了 8 个重要的大学教育指标：表达能力（包括书面表达能力和口头表达能力）、批判性思维能力（界定问题、分析问题、搜集资料，并进行分析的能力）、道德推理能力（让学生养成更加清晰而强烈的道德原则感）、公民意识（形成强烈的民主信念和民主意识）、适应多元文化素养（让学生学会在生活中、工作中与不同文化背景的人和睦相处）、全球化素养（让学生了解更多的有关国际事务和外国文化的知识，构建一套知识体系，更有效地适应可能出现的国际问题，把握可能出现的机遇）、广泛的兴趣（让学生能享受更丰富多彩的人生）、为就业作准备（大学必须为学生提供一定的职业准备）[9]。可见，本科教育的重要指标无一不是从学生角度出发，以学生为中心，以学生知识、能力、素养的获得和提高为出发点和落脚点。

（二）如何落实以学生为中心

1. 学习成果的确定以学生为中心

这是学什么的问题。目前我国工程教育仍存在一定学科烙印，用学科的知识逻辑结构确定课程体系，选定教材，根据教材确定课程教学目标，教师讲教材，学生学教材。这个过程未充分考量工程实践需求，割裂了人才培养与社会需求的关联，毕业生能力素质层次和水平与工程行业企业的期望尚有差距。在面向产出的教育模式下，培养目标、毕业要求、课程目标的确定均围绕学生及学习成果产出这一中心。专业培养目标围绕毕业生在毕业后 5 年左右能够达到的职业和专业成就确定；毕业要求围绕学生毕业时应当具有的知识、能力和素质确定；课程教学目标围绕课程对毕业要求的支撑确定，是对学生通过具体课程学习应获得学习成果的描述。学生在学习过程中可以清晰地感受到来自教师的期望，即明确的课程目标、毕业要求及培养目标，并获得全过程的、有效的学习效果评价。

2. 学习组织实施以学生为中心

这是怎么学的问题。在以教为中心的教学模式中，教师是主导，传授知识是过程，知识沿袭是特质。在这个过程中，学生是知识输出的被动接收者，没有很好地内化知识，未合理搭建知识结构，在知识探索、应用、创新能力方面均得不到明显提高。这一过程的教学产出与社会需求匹配度不高。在面向产出的教育模式下，教师不应再是知识的拥有者、传授者和控制者，而是教学过程的参与者、引导者和推动者；学生不再是知识的被动接受者，而是主动学习者、自主建构者、积极发现者和执着探索者[10]。

在落实以学生为中心、以学习成果产出为中心理念的过程中，工程教育专业应积极探索开展课程教学改革，使用多样化的教学模式和方法，营造多元化的以学生为中心的课程学习氛围。相关专业可为学生设置更多具有挑战性的、以学生为主体的学习活动，如项目调研、项目研讨、项目实施、综合实践、报告撰写、汇报演示等，充分调动学生自觉学习、主动学习、自主学习的积极性。项目式学习模式有利于培养学生创新、决策、批判性思维、信息素养、团队协作、隐性知识获取、自我管理和可持续发展等综合能力，有助于解决传统教育教学模式重知识轻能力、高分低能和学生培养同质化等突出问题。高水平的课程项目及基于项目的课程体系和教学模式，能较好地贯彻以学生为中心的教育理念，有利于培养学生解决复杂工程问题的能力及相关非技术能力，保证工程教育专业人才培养效果。

3.学习成果评价与改进以学生为中心

这是学得怎么样的问题。在教师中心、教材中心的学习模式中，关注的是教师教得怎么样，教材知识的传授效果怎么样；考试考教材，学生背教材。这种模式下的评价，评的是学生对教材及相关知识的掌握情况。在面向产出的评价中，评价的是学生的学习产出，包括课程目标、毕业要求及培养目标的达成情况，关注的是学生各方面能力的增值情况，并基于多样化的过程性评价开展持续改进，保证学生学习产出效果，使尽可能多的学生在学业结束时能够达成毕业要求。评价方式多采用多元化的形成性评价，教师在课程教学过程中通过多种方式观察和评价学生的学习状态，发现问题，及时调整教学策略，并为学生达成课程目标提供帮助。各种评价方式及过程均以学生为中心、以学生的学习产出为中心。

二、成果导向

中国工程教育专业认证协会原副理事长、清华大学原副校长余寿文曾说："我们遇到的最大的困难是教育思想的转变，我国高等教育长期以来是学科导向、投入导向，这个观念贯穿在专业课程设置、教学实施、考核评价等方方面面，而工程教育认证强调专业人才培养结果导向，要求教师将毕业生出口要求分解对应到课程上去，并在课程教学中有效实施。"成果导向强调专业教学设计和教学实施以学生接受教育后所取得的学习成果为导向。成果导向教育要求每位任课教师明确所授课程在保证学生学习成果产出中的作用及应承担的责任，设计科学合理的课程教学大纲，采用匹配的教学内容和教学方法，配置足够的软硬件资源，并对学生各项学习产出是否达成进行合理考核与评价，基于评价结果进行相应的持续改进。实施成果导向的教育需要主要解决3个问题：学习成果的确定、学习成果的实现、学习成果的评价。学习成果的确定是根据工程教育内外部需求确定培养目标，根据培养目标确定毕业要求，根据毕业要求确定课程目标的过程。学习成果的实现是围绕预设学习成果，通过课程体系设置、师资支持、教学资源配置、教学活动组织、教学机制保障等，保证课程目标达成和毕业要求达成的过程。课程是基本的教学单位，围绕课程目标的实现所开展的教学活动是毕业要求达成的根基。学习成果的评价是对各层级学习成果产出的达成情况进行逐层评价的过程，包括课程目标达成评价、毕业要求达成评价、培养目标达成评价，其中课程目标达成评价是基础。

成果导向理念贯穿了我国工程教育专业认证标准及内涵，标准的7个方面均以保证学生的学习产出为出发点和落脚点。如"学生"中，对学生在整个学习过程中的表现进行跟踪与评估，并通过形成性评价保证学生毕业时达到毕业要求等内容，是围绕学生学习过程跟踪评估和形成性评价要求展开的。"培养目标""毕业要求""课程体系"等标准内容主要围绕学习成果确定及课程支撑展开。"持续改进"从课程目标达成评价机制、毕业要求达成评价机制、培养目标达成评价机制等方面，全面系统地说明了从近期到长期的学习成果评价及持续改进的要求。深入理解并在人才培养过程中落实工程教育专业认证标准要求，是实施成果导向教育的明确方向和有效路径。

（一）成果导向实施路径

成果导向教育实施路径的主要环节包括：制定专业培养目标和毕业要求，建立课程体系与毕业要求的关联，建立课程目标及内容与毕业要求的关联，对学习成果进行评价（该内容在下一部分详细说明）等。

1. 制定专业培养目标和毕业要求

培养目标是根据工程教育内外部需求，包括学校定位、专业特色、社会需求和利益相关者的期望等，确定的毕业生毕业后 5 年左右预期能够达到的职业和专业成就。培养目标表述的是学生能做什么，需要体现社会发展对本领域职业工程师的能力要求，其制定过程需要工程教育利益相关方参与。毕业要求是对学生毕业时应该掌握的知识和能力的具体描述，包括学生通过本专业学习所掌握的知识、能力和素养。其制定依据是培养目标，表述的是学生能有什么，其内容应该涵盖工程知识、问题分析、设计/开发、研究、使用现代工具、工程与社会、环境和可持续发展、职业规范、个人与团队、沟通、项目管理、终身学习等能力及素养范畴。

2. 建立课程体系与毕业要求的关联

毕业要求是课程体系设置的依据，课程是达成毕业要求的载体。只有把毕业要求贯穿于课程体系设计中，在毕业要求与课程之间建立有机关联，才能保证所要培养的知识、能力、素质有具体的教学环节承载。建立两者联系的主要任务是：从毕业要求出发，全面、系统地分析和审视整个专业课程体系，在毕业要求与课程体系之间建立对应和关联关系；对毕业要求及观测点没有支撑作用的课程将被审视其在课程体系中存在的必要性。

3. 建立课程目标及内容与毕业要求的关联

按照成果导向的教学设计，毕业要求与课程的关系应清晰体现在课程的教学大纲中，使大纲成为规范教师教学行为、指导学生学习行为的纲领性文件。在成果导向的教学设计下编写教学大纲时，须首先明确课程与相关毕业要求及观测点的支撑关系，据此确定课程目标，保证课程目标对毕业要求及观测点的有效支撑，在此基础上逐条确定与之相对应的教学内容，并确定完成这些教学内容所需的教学策略。

（二）面向产出的评价

1997 年 ABET 引入了工程认证标准 EC2000，它直接体现了从分数评价到成果评价的转变。为什么会发生这样的转变呢？根据 ABET 从各行业、各领域和雇主那里得到的反馈，雇主们在招聘时发现，有些学生虽然成绩很好，但实际上并没有掌握工程实践领域所要求具备的能力，他们所在的院校也并不清楚这些学生的实际学习效果。所以 ABET 认为不能只通过分数，同时要以学生学习的成果来评价教育质量[11]。围绕学生学习成果的评价，而非简单的知识掌握程度的评价，是推动课堂教学改革极为有效的手段，有利于扭转工程教育专业人才培养重知识灌输轻能力培养、重教育输入轻教育产出的局面。同时，有利于工程教育专业改革学习成果评价模式，积极开展基于过程的多元化课程考核方式改革，有效评价课程目标及毕业要求达成情况，并将评价数据用于人才培养过程的持续改进。

成果导向教育模式下学生学习成果评价的突出特点是注重对学生各方面能力增值情况的评价，呈现学生在知识、能力、素质方面的表现和进步，及其达到目标（包括课程目标、毕业要求等）的程度。我国工程教育专业认证强调通过多种周期性评价加强持续改进，促进教学和学习过程互动，改变传统教学以考试分数为单一考核评价手段，加强过程性、多元化评价，以形成持续性的改进。课程目标达成评价是学习成果评价的基础和关键，是毕业要求达成评价的依据。保证课程目标达成评价面向产出有利于准确评价毕业要求达成情况并开展有效的持续改进工作。为保证课程目标达成评价聚焦学生学习效果，需要确保课程目标与所支撑的毕业要求及观测点的对应关系合理；课程内容、教学策略能够有效支持课程目标实现；课程考核方式有利于反映课程目标的实现情况，并通过相关审核机制及措施保证课程目标达成评价依据的合理性与结果的有效性。

1.课程目标、教学内容、教学策略面向产出

课程是支撑毕业要求达成的基本组成单元，是体现毕业要求"可落实"的重要指标。具体到每一门课程，要将课程教学目标与所支撑的毕业要求建

立科学合理的关联，在此基础上梳理课程教学内容对课程目标的支撑关系，并设计能够保证学习产出的教学策略。这些内容均应在课程教学大纲中予以明确化和规范化。

2. 考核内容、考核方式面向产出

如何面向产出开展考核与评价，如何评价课程目标的实现程度，是设计考核内容与方式时需要考虑的核心问题。第一个关键问题，考核内容应全面覆盖各个课程目标所包含的知识、能力及素养要求，考核方式应有利于对课程目标达成情况的准确评价。第二个关键问题，考核内容与方式应聚焦能力产出目标。目前普遍存在通过考知识来判断能力达成的情况，这种达成评价存在依据效度低、方式不合理、结果不可靠的问题，不能真实反映课程目标的达成情况，进而不能开展有效的持续改进工作。

3. 评价方法面向产出

为保证对学生学习效果评价的准确性，应根据课程目标的具体情况确定考核形式与评价方法，着重于过程的评价和能力的考核。对于专业基础知识的掌握和应用专业知识分析具体问题，可通过作业、论文、试题等形式进行考核；对于针对工程实践及科研实际问题提出相应的解决方案，以及相关非技术因素类课程目标，如团队协作能力、语言沟通能力以及终身学习能力等，可通过分析类试题以及作业、课程设计报告、实习实践报告、项目报告等形式进行考核；对于在掌握专业知识的基础上设计并开展实验，通过分析得出有效结论并撰写报告，可通过实验报告、项目报告、成果汇报等形式进行考核。常用的评价方法包括定量评价（主要针对考试环节，包括结课考试、随堂测试以及部分具有详细评分依据的作业等）、定性评价（主要针对评分依据较宽泛的考核环节，包括课程设计报告、实习实践报告、项目报告、毕业设计等），需要针对不同考核形式分别或综合采用定量和定性的评价方法。

三、持续改进

OBE 教育模式强调通过多种方式周期性地开展学习成果评价，并在此基础上开展持续改进，建立一种行之有效的教学质量改进机制，从而能够持续地改进培养目标、毕业要求和教学环节，以保障其始终与工程教育内外部需求相符合。成果导向教育下的持续改进机制关注的重点是"学"，包括学生的学习过程、学习状态、学习效果、学习产出，是通过持续改进保障学习产出达成；强调评价结果的合理分析、及时反馈、对改进情况的持续跟踪、改进的持续循环与螺旋上升，形成闭环的改进过程。持续改进的理念贯穿了工程教育专业认证标准，标准 4.1（内部评价与改进）、标准 4.2（外部评价与改进）、标准 4.3（评价结果应用于持续改进）及其他标准（包括标准 1.3、标准 2.2、标准 3、标准 5、标准 6 和标准 7 等）中均包含了持续改进理念。持续改进机制的建立和有效运行是学生中心和产出导向实现的保障。

成果导向的持续改进体系不是单向的、线性的，而是多层次、能够实现信息交互的循环改进体系，其包含有机关联的多个子循环系统。具体包括：基于课程目标达成评价，持续改进课程教学内容和方式；基于毕业要求达成评价，持续改进课程体系、课程教学组织活动；基于培养目标达成评价，持续改进毕业要求；基于培养目标合理性评价持续改进培养目标等。各子循环系统的持续改进、循环共同组成了人才培养过程持续改进的大循环，能够实现对人才培养过程的全覆盖。通过循环运行、螺旋式上升的持续改进过程，以全面保障学习产出的达成。

成果导向的持续改进机制的架构基础和运行导向是面向产出的，其通过对课程目标达成评价、毕业要求达成评价、培养目标达成评价、培养目标合理性评价等环节中反映出的影响学习产出达成的因素进行分析和反馈，实施持续改进，跟踪改进效果，保障学习产出的达成。其着眼点和发力点在于保障学习产出。成果导向的持续改进体系通过各子循环系统的运行、反馈、改进、跟踪，保障子循环系统中相关学习产出的达成；通过人才培养过程持续改进的大循环全面保障各层级学习产出的达成。

第三章 工程教育专业认证视角下
培养目标相关的几个问题

  培养目标是专业对其所要培养人才的总体要求，是对毕业生毕业后 5 年左右能够达到的职业和专业成就的总体描述。它是构建专业知识、能力、素养结构，确定毕业要求、课程体系，开展各项教学活动的基本依据，其达成情况是评价专业人才培养质量的重要标准。从人才培养方案设计的角度看，确定培养目标是设计的起点，是人才培养方案的总纲。

  我国开展工程教育专业认证及基于 OBE 的教育教学改革十余年，参与认证专业在培养目标符合学校定位、适应社会经济发展需要、建立培养目标合理性评价机制等方面均取得了长足的进展，根据科学范式确定专业培养方案的情况已经得到了很大改观。但培养目标定位研判不准确、发展预期表述不明确、专业特色体现不鲜明等问题依然存在，培养目标合理性评价及培养目标达成评价机制的合理建立和有效运行还存在不少问题。工科专业培养目标定位是否准确，表述是否清晰，尤其是培养目标能否充分反映工业社会不断发展的需求，培养出满足工业界和社会发展需要的工程技术人才，是衡量工程教育质量的关键所在[12]。本章在工程教育专业认证的视角下，通过问题实例，提出梳理好"1 个关系"，开展好"2 个评价和 2 个改进"，解决好"3 类问题"的建议。

一、工程教育专业认证标准中的培养目标

  工程教育专业认证标准关于专业培养目标的表述为：（1）有公开的、符

合学校定位的、适应社会经济发展需要的培养目标；（2）定期评价培养目标的合理性并根据评价结果对培养目标进行修订，评价与修订过程有行业或企业专家参与。

（一）公开的培养目标

培养目标是专业对其所要培养人才的总体要求与期待。人才培养通过各种教学环节及与之配套的评价、管理、持续改进等，使学生在毕业时达成毕业要求，在毕业后5年左右实现培养目标中表述的职业和专业预期成就。因此培养目标必须是公开的。专业培养目标首先应该被教师认同和理解，这是按照专业培养目标确定毕业要求及课程体系的前提。同时，使教师清楚所承担课程在本专业工程人才培养过程中的角色和任务，是更好地开展人才培养工作的基础。对教师"公开"人才培养目标的途径可包括组织教师参加培养目标合理性评价、培养目标各项修订活动、教师培训、教学研讨等，其范围应涵盖专业人才培养体系中涉及的全体教师。

专业培养目标是对学生应掌握知识、能力和素养的整体规划，是学生学习过程的目标导向。学生应对专业培养目标有充分的认识和理解，能清楚地看到自己努力的方向和未来发展的前景，以提高学习的自觉性、主动性和积极性。对学生"公开"人才培养目标，应贯穿新生入学教育、课程教学、本科生导师指导、在校生学业指导等全部学习环节。

培养目标公开的对象还包括人才培养的利益相关者，如相关的行业企业、用人单位、校友、拟报考的高中毕业生及社会各界关心专业人才培养的机构和人员等。可通过学校和学院工作网站介绍、招生宣传、校际交流、同行来访、校友会座谈、企业反馈及就业招聘等多种形式"公开"专业人才培养目标，并广泛吸纳工程教育利益相关者，特别是行业企业、用人单位、校友等对专业人才培养目标的意见和建议，用以指导培养目标修订、毕业要求完善和课程体系优化。

（二）符合学校定位

高校办学定位对于专业人才培养目标具有统领引导作用。学校定位主要是指根据经济和社会发展的需要，根据自身条件和发展潜力，找准学校在人才培养中的位置，确定学校在一定时期内的总体目标。它不仅从宏观上概括了学校的办学指导思想、办学理念等，而且还对学校的办学规模、办学层次、办学类型等作出了方向性选择。学校定位一般包括发展目标定位、办学类型定位、人才培养规格定位、社会服务面向定位、办学规模和层次定位、办学特色定位等方面。专业确定培养目标的人才培养定位时应以学校定位为基准，在此基础上根据专业办学历史、办学理念、人才培养特色及资源条件情况，体现专业的优势与特色。

（三）符合社会需求

高等学校是为社会培养和输送人才的重要基地。高等学校确定的人才培养目标必须为经济建设服务，满足社会发展对人才的需求。社会需求是工程教育人才培养的重要出发点，满足社会需求是工程教育活动的旨归，从而保证教育目标与结果的一致性。工程专业人才培养目标应能充分、准确体现社会发展对本领域职业工程师的能力要求。专业培养目标应根据我国经济、科技、社会发展对相关专业领域人才的需求，基于学校的办学定位，结合专业的办学状况确定，并随着社会经济发展需求、学校定位的变化，不断进行调整，保证其始终符合工程教育内外部需求和专业应建立规范化、制度化的机制，通过社会调研、行业座谈、用人单位及校友调查等多种渠道，定期对社会需求进行有针对性的调查研究。

（四）反映学生毕业后5年左右在社会与专业领域预期能够取得的成就

专业培养目标是对该专业毕业生在毕业后5年左右能够达到的职业和专业成就的总体描述，并应体现培养德智体美劳全面发展的社会主义建设者和接班人的教育方针。培养目标在明确培养定位、职业特征、职业范围的基础上，应能清楚准确描述毕业生毕业后5年左右在社会与专业领域预期能够取得的成就。培养目标应该是所有合格毕业生通过5年左右的工程实践及继续学习能够实现的职业和专业成就，而不是争取部分毕业生达到的过高期望。

（五）定期评价培养目标的合理性并根据评价结果对培养目标进行修订，评价与修订过程有行业或企业专家参与

培养目标合理性评价和培养目标定期修订应是制度性行为，并吸收工业界等工程教育利益相关主体参与。对培养目标进行合理性评价是修订培养目标的基础工作，其中的"合理性"是指专业培养目标与学校定位、专业特色、社会需求和利益相关者的期望等内外需求一致。专业应定期开展培养目标合理性评价，通过广泛调研、问卷调查、座谈会等形式，了解和分析工程教育内外需求和条件的变化，并根据变化情况适时合理修订培养目标，保证培养目标的可实现、可衡量、可持续改进。

二、1 个关系

（一）培养目标与毕业要求的关系

毕业要求是对学生在毕业时获得知识和掌握能力的基本要求，培养目标是反映本专业学生毕业后 5 年左右在社会与专业领域预期能够达到的目标。从人才培养方案设计的角度看，确定培养目标是设计的起点，培养目标决定毕业要求。毕业要求达成为培养目标达成提供基础，是达成培养目标的支撑，与学生毕业后一定时间的工程实践经验共同作用，保证培养目标的达成。培养目标更加关注的是学生"能做什么"，而毕业要求更加关注的是学生"能有什么"。能做什么主要取决于能有什么。从这种意义上讲，毕业要求是培养目标的前提，培养目标是毕业要求的结果[13]。

（二）存在问题与解决建议

培养目标是相对宏观的概况，毕业要求是相对微观具体的，通常培养目标的一项内容需要多项毕业要求的支撑，且毕业要求的表述程度应该能够作为某项培养目标实现的"毛坯"程度，即需要实现毕业要求对培养目标的准确支撑，以保证培养目标的达成。工程教育实践中，除了部分专业将培养目标与毕业要求混淆外，还存在毕业要求对培养目标支撑程度不足、支撑关系不合理等问题。

毕业要求对培养目标支撑不足的情况如：毕业要求中的"问题分析""设计开发解决方案""研究""使用现代工具"，用于支撑"具备工程师的专业素质，能够运用金属材料工程专业知识从事金属材料工程专业相关的技术、科研与管理工作，在相关工程及科研领域从事技术与产品研发、生产工艺及生产设备的设计与改进、升级或重新设计、营销和管理等工作"。培养目标中"营销和管理"的内容没有相应的毕业要求予以支撑，是广度上的支撑不足。

毕业要求与培养目标支撑关系不合理的情况如：某个毕业要求未支撑任何培养目标，或者是支撑关系不合理，或者需要重新审核该毕业要求存在的有效性。另如，需要大部分的毕业要求支撑一项培养目标，这可能是支撑关系不合理，也可能是该项培养目标表述过于宽泛，需要对其内涵进行梳理。

实现毕业要求对培养目标的准确支撑，需要注意一个关键：按照成果导向教育理念，培养目标决定毕业要求，应以实现对培养目标的有效支撑为准则来确定毕业要求的广度和深度，而不是根据课程体系确定毕业要求，或根据工程教育认证标准毕业要求确定专业毕业要求，再将毕业要求与培养目标硬性关联。在设计起点和方向正确的情况下，毕业要求对培养目标的准确支撑是不难实现的。

三、2 个评价和 2 个改进

（一）培养目标合理性评价与培养目标改进

1. 培养目标合理性评价与培养目标改进

培养目标合理性评价是培养目标修订的先导性工作，其评价维度和主要途径包括：培养目标与经济社会需求和学校定位的符合度，即专业培养目标是否符合经济社会发展和产业结构调整需求，是否符合学校的人才培养定位、专业特色及其具备的资源条件；毕业生出口能力与目标期望的契合度，通过召开毕业生座谈会、组织毕业生填写调查问卷等形式，分析毕业生的出口能力以判断培养目标的合理性；校友主流职业发展与培养目标的符合度，通过校友访谈、问卷调查、校友会平台等方式及项目合作机会，获得校友对专业人才培养目标合理性的评价；专业培养目标与用人单位人才需求的吻合度，通过调查研究、走访座谈、就业工作调研等形式，获取用人单位对专业培养目标合理性的评价。

培养目标合理性的评价结果将作为培养目标修订的重要依据，两者具有内在因果关系。通过开展多维度的人才培养目标合理性评价，获得各利益相关方对专业培养目标合理性的评价与建议，由专人或机构负责对评价数据与结果进行合理、深入的统计分析，并在行业企业专家参与的基础上开展培养目标修订工作。

2. 存在的问题与解决建议

目前，培养目标合理性评价与培养目标修订过程中常见的问题包括：专业对培养目标合理性的含义理解不清楚，没有对培养目标合理性进行有效评价；相关调查问卷设计维度和内容与培养目标合理性关联度差，被调查者基数不足、覆盖面窄，结果统计分析不到位；培养目标合理性评价没有行业或企业专家参与；没有对培养目标合理性的调研结果进行有效分析，直接将调研结果用于培养目标修订，或没有对培养目标合理性评价结果进行有效利用等。

培养目标合理性的内涵可以从上述的培养目标合理性评价维度来理解。评价即是判断培养目标与经济社会需求、学校定位的符合度，毕业生出口能力与目标期望的契合度，校友主流职业发展与培养目标的符合度，培养目标与用人单位人才需求吻合度的过程。调查问卷及结果使用、行业企业专家参与等相关问题的解决，从宏观上看需要将培养目标合理性评价制度化，明确评价工作主体、周期、评价内容、开展方式、质量要求与结果使用要求等，并需特别强调行业企业专家参与的环节、途径和要求。具体操作方面，调查问卷内容需要紧密围绕上述 4 个度设计，保证方向和内容的准确性；调查对象选取要关注覆盖面和代表性的问题，如毕业校友选择应关注毕业时间、工作单位类型、职业发展状况等有效信息；结果分析与利用方面，应细致统计、综合分析从各种途径获得的信息，不能以某一次座谈会讨论结果及不具有统计意义的问卷调查结果作为培养目标修订的依据。

（二）培养目标达成评价与毕业要求改进

1. 培养目标达成评价与毕业要求改进

培养目标达成情况评价是通过调查问卷、走访座谈等形式，获取毕业后5年左右的毕业生、毕业生就业的用人单位及行业组织，对毕业生专业能力、职业能力、职业发展能力的评价，即培养目标达成程度的评价。其评价维度和主要途径包括：通过毕业生问卷调查、走访座谈等，调查毕业生对培养目标的认可度、职业发展情况与培养目标的契合度；通过用人单位问卷调查、走访座谈等，调查用人单位对毕业生职业能力的认可度及其与培养目标符合度的评价；通过第三方调查机构及行业组织调查，了解专业人才培养质量、培养目标实现情况及对专业培养目标的意见和建议等。培养目标达成评价工作主体、周期、评价内容、开展方式、质量要求与结果使用等均需要通过文件予以制度化。

培养目标达成评价结果是毕业要求改进的重要依据。对于培养目标达成程度较低项，需要通过调整毕业要求相关内容，进而对课程体系、课程目标、教学内容等予以改进。如：培养目标"具有创新意识"的达成情况相对较弱，就需要在毕业要求中强化"创新意识"相关能力要求；优化课程体系，如增设创新类、实践类相关课程等；调整课程体系与毕业要求支撑关系，保证课程对上述能力要求的支撑力度；设计课程目标和优化课程教学形式，保证其对相关毕业要求的有效支撑；设计或调整多元化形成性评价方式，准确评价上述能力目标的达成情况；依据评价情况开展持续改进工作等。

2. 存在的问题与解决建议

培养目标达成评价存在的问题，除上述培养目标合理性评价中亦存在的部分专业未开展相关评价，评价调查问卷设计、发布对象及结果使用不合理，用人单位参与程度低等问题外，还存在部分专业将培养目标合理性评价与培养目标达成评价混淆的情况。两者的评价主体范围和评价结果应用均有较大差异。培养目标合理性评价的评价主体是所有利益相关者，评价目的是改进培养目标；培养目标达成情况评价的评价主体是毕业后5年左右的毕业生和用人单位，评价目的是改进毕业要求[4]。

四、3 类问题

目前，专业培养目标常见问题体现为培养目标内涵不准确，过于宽泛；培养目标与社会需求契合度不高；培养目标同质化严重，缺乏专业特色；培养目标与毕业要求混淆等。这将影响毕业要求的确定、课程体系的架构、课程教学目标及教学内容设计等，导致教师、学生对其理解和认识不清，不利于培养目标的达成及评价，更直接和关键的是将影响人才培养质量。出现这些问题主要是专业对培养目标定位、发展预期、专业特色等把握不准确，培养目标合理性评价及培养目标达成评价机制不完善，企业行业专家、用人单位参与培养目标相关评价尚未制度化、常态化等导致的。

（一）专业培养目标存在的 3 类问题

1. 目标定位研判不准确

工程教育专业认证标准中"有公开的、符合学校定位的、适应社会经济发展需要的培养目标"是对专业培养目标的服务面向和人才定位的框架要求。服务面向可以概括为职业范围和职业特征两个方面，职业范围是毕业生主要的工作领域，职业特征是毕业生可以从事的工作范畴。人才定位即培养定位，是指专业培养什么类型什么层次的专业人才。部分专业培养目标中存在培养定位研判不准确，职业范围、职业特征表述不准确的情况。

以某应用型大学测控技术与仪器专业的培养目标为例，其人才培养定位看上去是多元化的，实际是培养定位不够准确："专业培养具有良好的人文科学素养和较强的社会责任感，掌握本专业基础理论、专业知识与基本技能，具有协作精神、创新意识和实践能力，具备测控系统技术开发和工程实践能力，能够在传感器、测试技术、测控系统等技术领域内从事技术开发、工程设计、运行管理等方面工作的复合型创新人才。"其中的"复合型创新人才"与学校人才培养定位不符，其与目标定位中涉及的专业能力也不相符。这个问题主要是专业对学校人才培养定位、办学情况及培养目标的分析理解不准确导致的。

2. 发展预期表述不明确

培养目标是对本专业毕业生在毕业后 5 年左右能够达到的职业和专业成就的总体描述，是对职业能力和职业发展能力的预期。毕业要求是对学生通过本科阶段学习能够掌握的能力和素养的具体描述。部分专业培养目标存在将职业能力与毕业要求混淆的情况。例如某专业将学生毕业后 5 年左右在社会与专业领域中取得成就的预期之一描述为："能够将数学、自然科学、工程基础和专业知识用于解决交通运输工程领域的复杂工程问题；能够设计针对交通运输领域复杂工程问题的解决方案，设计满足特定需求的行车、客运、货运要求和流程的解决方案，并能够在设计中体现创新意识，考虑社会、健康、安全、法律、文化以及环境等因素。"其中规定的能力范畴和层次均是学生在毕业时应该具备的，是相对微观和具体的，混淆了毕业要求所规定的能力要求与经过 5 年左右工程实践所应具备能力的范畴和层次。

还有部分专业培养目标的职业能力表述偏重于专业技术能力，而对职业发展能力未明确表述，如未对终身学习、团队与沟通、国际视野等职业发展能力进行明确表述。个别专业培养目标缺乏对学生毕业后 5 年左右在社会与专业领域中取得成就的描述，缺乏对该相关内容的预判和前瞻。

3. 专业特色体现不鲜明

工程教育专业认证标准仅对专业培养目标的架构、符合学校定位及社会需求等作了一般性的规定，专业应该充分调研相关行业的社会需求，基于学校人才培养定位，结合专业特有的办学历史、办学理念、办学特色及资源条件等情况，对培养目标的影响因素进行综合考量，并确定专业一定时期内的培养方案。专业特色亦是专业的优势所在，将专业特色鲜明地体现在培养目标中，对于提高专业人才培养质量及竞争力具有重要作用。

目前，不同学校同一专业的培养目标同质化现象普遍，专业特色体现不充分；不同专业的培养目标也存在差异性弱化的问题，如两个不同专业的培养目标仅在职业范围和职业特征的表述中存在差异。以某校软件工程专业的培养目标为例："专业培养适应国家经济与科技发展的需求，德智体美劳全面发展的社会主义事业合格建设者和可靠接班人，具备良好的人文社会科学素养、职业道德，具有创新意识、团队精神与国际视野；具备扎实的基础理论和专业知识，能综合考虑安全、法律及环境等因素，有效地运用工程技术手段，解决软件工程领域复杂工程问题；具有终身学习、工程实践与沟通能力；适应国家及地方经济建设和行业发展需求，培养能够在软件工程相关领域（服务领域）从事软件开发、软件工程服务及技术研究等工作（职业特征）的高级工程技术型人才。"文中的专业培养目标仅需更改"软件工程"的服务领域和"从事软件开发、软件工程服务及技术研究"的职业特征，即可适用于其他培养高级工程技术型人才的专业。

（二）如何解决上述 3 类问题

专业培养目标是人才培养的总纲，是确定毕业要求、课程体系、课程目标、教学内容的根本依据。培养目标中职业范围、职业特征、培养定位、职业能力、职业发展能力、专业特色等要素的科学合理确定，影响人才培养的各个环节。面向需求、找准定位、明确预期、突出特色、适当前瞻是解决上述专业培养目标存在问题的关键。

面向需求：专业应建立规范化、制度化的社会需求调查机制，通过社会调研、行业座谈、用人单位及校友调查等多种渠道，定期对社会需求进行有针对性的调查研究，并组织企业行业专家、用人单位、校友参与培养目标制定、修订制度化建设，保证上述人员参与该项工作的程度、效果及稳定性。

找准定位：学校办学定位决定专业办学定位，学校所有专业的办学定位综合体现学校的整体办学定位。专业确定培养目标的人才定位时应以学校定位为基准，不能"好高骛远"或"妄自菲薄"，亦不能为凸显人才定位的先进性、多元性，脱离学校定位和办学水平。

明确预期：专业应明确毕业要求与培养目标的差异，培养目标中的职业能力和职业发展能力与学生毕业时应具备的能力和素养在层次、范畴等方面均不相同。专业应对学生毕业后 5 年左右的职业能力和职业发展能力有相对准确的预判，预判的依据包括近期开展的培养目标达成评价结果、国家地区经济发展情况及战略布局、行业发展趋势等。

突出特色：应明确不同专业的服务领域、职业特征和人才定位的差异性，并从国家战略布局、地方经济发展，学校人才培养定位、办学特色、历史积淀、学科优势，专业特有的办学历史、办学理念、办学特色及资源条件等方面总结专业的特质，并将其以合适的方式体现和落实到专业培养目标和人才培养过程中。

适当前瞻：工科专业培养目标的制定应适度超前，特别是在以新技术、新业态、新产业、新模式为特点的新经济蓬勃发展的大背景下，专业应根据工程科技发展方向及国家战略部署，对未来工程师应具备的关键特性和主要能力进行科学预测，构筑先发优势，以满足国家在不同发展时期对工程科技人才的需求。

第四章　工程教育专业认证视角下
毕业要求相关的几个问题

　　毕业要求是成果导向教育顶层设计中的关键要素，一方面毕业要求由培养目标决定，并应支撑培养目标；另一方面毕业要求决定课程体系，并由课程体系支撑。毕业要求上承培养目标，下启课程体系及课程教学设计。毕业要求的制定情况直接影响课程体系的设定及具体课程的教学设计。2003 年起，《华盛顿协议》制定的基于 OBE 的毕业要求框架，一直作为其成员间"实质等效"的一把尺子。该毕业要求框架用以帮助签约和预备成员建立基于产出的认证标准，并不要求被认证专业的毕业生具有相同的学习产出和学习内容；认证专业应该根据认证标准，制定出自己的毕业要求，这个毕业要求是可评价的学习产出，它由不同程度的具体描述来支撑[4]。我国工程教育专业认证实践中，存在部分专业对《华盛顿协议》毕业要求框架、我国工程教育认证标准中毕业要求及专业毕业要求的性质、角色和关系理解不准确的情况，部分专业套用标准中的毕业要求；在面向产出的教育的顶层设计中，部分专业对培养目标与毕业要求的关系、毕业要求与课程体系的关系的理解和落实上存在偏差；部分专业毕业要求存在对标准覆盖不足、缺乏可衡量性、同质化等问题。本章在工程教育专业认证的视角下，通过问题实例，提出梳理好"2个关系"，开展好"1 个评价和多个改进"，解决好"3 类问题"的建议。

一、《华盛顿协议》毕业要求框架、标准毕业要求和专业毕业要求

如上所述，《华盛顿协议》毕业要求框架是基于成果导向教育理念制定的，用以帮助签约和预备成员建立基于产出的工程教育认证毕业要求标准。签约和预备成员参照该毕业要求框架制定实质等效的，并符合其工程教育发展实际、对工程师能力需要及预期的毕业要求标准。开展工程教育认证的专业需要按照毕业要求标准，根据专业培养目标，确定符合自己专业的可评价的学习产出。明确《华盛顿协议》毕业要求框架（以下简称"WA 毕业要求"）、签约和预备成员基于此建立的工程教育专业认证标准毕业要求（以下简称"标准毕业要求"）、专业基于该标准建立的专业毕业要求的关系，是专业制定明确、可衡量的毕业要求，并对标准毕业要求实现全覆盖的基础。

WA 毕业要求从毕业生应掌握、应展示的技能和应拥有的态度方面为其成员制定认证标准提供了参考，它本身不作为认证"国际标准"。WA 毕业要求提供了标准毕业要求的制定框架，具有通用性，是广泛接受的最低要求[3]。该毕业要求框架是保证《华盛顿协议》成员毕业要求实质等效的基础，其从工程知识、问题分析、设计/开发解决方案、研究、使用工具、工程师与世界、伦理、个人与团队、沟通、项目管理与财务、终身学习等 11 个方面（2021版）为成员制定标准毕业要求提供了参照点。各成员应结合工程教育发展实际、对工程师能力需要及预期，制定标准毕业要求。

我国 2015 版、2018 版标准毕业要求是参照 2013 版 WA 毕业要求建立的，涉及工程知识、问题分析、设计/开发解决方案、研究、使用现代工具、工程与社会、环境与可持续发展、职业规范、个人与团队、沟通、项目管理、终身学习等 12 个方面。2022 版标准解读对标准毕业要求的解释反映了 2021 版 WA 毕业要求的修订变化。我国标准毕业要求在毕业生能力和素养要求方面与 WA 毕业要求保持实质等效。

专业毕业要求是具体到参与工程教育认证的专业，根据专业培养目标，对学生通过本科阶段学习能够掌握的能力和素养的具体描述。专业毕业要求需要能够支撑培养目标，为培养目标达成提供基础，并在广度和程度上覆盖

标准毕业要求，保证通过认证专业的毕业生具有实质等效于《华盛顿协议》的毕业生能力素质。

综上，标准毕业要求是参照 WA 毕业要求制定的；专业毕业要求是根据标准毕业要求，在专业培养目标、培养定位、专业内涵与特色、专业办学条件等综合因素作用下，对学生毕业时学习产出的具体化，需要覆盖标准毕业要求。

二、工程教育专业认证标准对毕业要求的总体要求

专业必须有明确、公开、可衡量的毕业要求，毕业要求应能支撑培养目标的达成，应完全覆盖标准毕业要求。

（一）明确、公开、可衡量的毕业要求

所谓"明确"，是指专业应当准确描述本专业的毕业要求，其内容是确定的，具有一定程度的稳定性。

所谓"公开"，是指毕业要求应作为专业培养方案中的重要内容，通过固定渠道予以公开，并通过研讨、宣讲和解读等方式使师生知晓并对其具有相对一致的理解[①]。可通过网络发布、招生宣传、新生教育、教学活动、学业指导等途径，对学生"公开"毕业要求，保证学生整个学习过程中有足够的机会了解并理解本专业毕业要求。教师应通过参与毕业要求制定、将课程所支撑毕业要求落实到教学大纲、对专业学生进行学业指导等活动，清楚认识并深入理解专业毕业要求，特别是具体课程对毕业要求的支撑情况，了解其在专业人才培养中的角色和作用。

所谓"可衡量"，是指学生通过本科阶段的学习能够获得毕业要求所描述的能力和素养（可落实），且该能力和素养可以通过学生的学习成果和表现判定其达成情况（可评价）。可落实是指通过建立毕业要求与课程体系的对应关系，实现课程体系对毕业要求的支撑。学生通过本科阶段的课程学习，能够

---

① 对工程教育专业认证标准部分标准项的解释参照了《工程教育认证通用标准解读及使用指南》（2020 版）《工程教育认证通用标准解读及使用指南》（2022 版）的相关内容。

达成课程目标，并能够在毕业时具备毕业要求中的能力与素养。可评价是指通过选取适当的方法能够实现对课程目标达成情况的评价，并能够对毕业要求达成情况进行评价，以判断学生毕业时毕业要求相关能力和素养的达成情况。如部分毕业要求不可评价或不易评价，反映了毕业要求相关内容及其与课程体系对应关系的确定性和合理性欠缺。

（二）毕业要求应能支撑培养目标的达成

所谓"支撑"，是指专业毕业要求对学生相关能力和素养的描述，应能体现对专业培养目标的支撑。培养目标是专业对其所要培养人才的总体要求，是对毕业生毕业后 5 年左右能够达到的职业和专业成就的总体描述。毕业要求是对学生通过本科阶段学习能够掌握的能力和素养的具体描述。培养目标是构建专业知识、能力、素养结构，确定毕业要求、课程体系、开展各项教学活动的基本依据。毕业要求应能支撑培养目标，与学生毕业后一定时间的工程实践经验共同作用，保证培养目标的达成。

（三）毕业要求应完全覆盖标准毕业要求

所谓"覆盖"，包括广度和程度上的完全覆盖。广度上的覆盖指专业毕业要求应覆盖标准毕业要求 12 条所涉及的内容，但不局限于这些内容；程度上的覆盖是指专业毕业要求对学生能力和素养的描述程度应不低于 12 项标准的基本要求，即两者程度相当，或专业毕业要求对学生能力和素养的描述程度高于标准毕业要求。关于专业毕业要求对标准毕业要求覆盖容易出现的问题及解决建议将在本章第五部分进行说明。

三、2 个关系

成果导向的教育，遵循的是反向设计原则：毕业要求由培养目标决定，并需支撑培养目标；毕业要求决定课程体系，并由课程体系支撑。这是成果导向教育顶层设计中需要理解和处理好的 2 组关键关系。

（一）毕业要求与培养目标的关系

1. 毕业要求与培养目标的关系

毕业要求是对学生通过本科阶段学习能够掌握的能力和素养的具体描述；培养目标是反映本专业学生毕业后 5 年左右在社会与专业领域预期能够达到的目标。从人才培养方案设计的角度看，确定培养目标是设计的起点，培养目标决定毕业要求，毕业要求为培养目标达成提供基础，是达成培养目标的支撑，与学生毕业后一定时间的工程实践经验共同作用，保证培养目标的达成。

2. 存在问题与解决建议

毕业要求与培养目标的关系方面常见的问题是专业毕业要求对学生相关能力的描述不能体现对该专业培养目标的有效支撑，进而影响对课程体系的支撑。

专业培养目标是根据国家经济、科技、社会发展对相关专业领域人才的需求，基于学校的办学定位、办学特色和办学条件，结合专业的办学状况确定的。不同专业培养目标对学生职业领域、职业特征、人才定位、职业能力方面的要求和体现各不相同。因此专业应通过毕业要求的制定，特别是对各项学习产出使用准确的程度性描述和专业的个性化限定，恰当表述本专业毕业生应具有的知识、能力和素质，体现专业特色和人才培养特质。比如研究型工程人才、应用型工程人才、复合型工程人才的区别，主要体现在对相关专业能力、工程素养和发展能力做出不同程度的要求和对不同范畴复杂工程问题的限定中。

（二）毕业要求与课程体系的关系

1. 毕业要求与课程体系的关系

课程是实现毕业要求的基本单元，毕业要求的达成需要课程体系的合理支撑，以及具体每一门课程对相关毕业要求的有效支撑，即毕业要求决定课程体系与课程目标，课程体系与课程目标支撑毕业要求的达成。课程体系的建构是根据培养目标及毕业要求对课程进行选择、组合及排序的过程，也是将毕业要求内化、分解到课程，确定课程与毕业要求之间对应关系的过程。

首先，专业的课程体系需要能够覆盖全部毕业要求，保证所有毕业要求均有课程支撑（可通过表7体现），同时强调课程的结构与进程的合理性，其对毕业要求的达成同样具有重要影响；其次，课程体系中的每一门课程都需要支撑相应毕业要求（具体到一门课程，可通过表8体现），对毕业要求没有支撑作用的课程将被重新审视其存在的必要性，对同一毕业要求（观测点）具有支撑作用的多门课程需要对支撑程度进行具体判断分析；最后，还需综合考虑课程结构优化的问题，以实现对毕业要求支撑的更优化。

表7　课程体系与毕业要求的对应关系矩阵

	毕业要求 1	毕业要求 2	毕业要求 3	……	毕业要求 n
课程 1					
课程 2					
……					
课程 n					

注：①在课程与毕业要求成立支撑关系的位置进行标记；②对于毕业要求确定了观测点的情况，课程与毕业要求的支撑关系应具体到对观测点层面的支撑。

表8　课程目标与毕业要求的支撑关系矩阵

课程目标	毕业要求 / 毕业要求观测点
课程目标 1	形成支撑的相应毕业要求 / 毕业要求观测点
课程目标 2	……
……	……
课程目标 n	……

2. 存在问题与解决建议

工程教育及专业认证实践中，课程体系与毕业要求的支撑关系不合理，课程体系不能有效支撑毕业要求的问题是普遍存在的。具体表现为：支撑技术能力的课程高度叠加，支撑非技术能力的课程匮乏（仅由1门到2门课程支撑）且支撑关系合理性不足（如仅用外语课程支撑沟通交流能力）；强支撑课程分布不合理及设定为强支撑的理由不充分，如部分毕业要求有很多强支撑课程，部分毕业要求没有强支撑课程，部分课程不能对毕业要求实现强支撑等；部分课程支撑了过多的毕业要求（如毕业设计教学环节支撑了全部非技术能力和大部分技术能力）。具体到课程，课程目标与毕业要求支撑关联性不强，课程内容不能有效支撑课程目标的实现，课程考核方式不能反映课程目标实现情况等。

根据成果导向教育理念，依据毕业要求所描述的能力素养和所需要的知识结构设定课程体系，是实现课程体系对毕业要求有效支撑的前提。目前，不少专业仍将已有课程体系与毕业要求进行硬性关联，这是课程导向，而非成果导向。因此，对成果导向教育理念的深入理解，并将其落实到人才培养链条的各个环节中，是实现培养目标、毕业要求、课程体系之间对应及支撑关系合理的关键。

此外，在进行课程体系对毕业要求支撑关系合理性分析时，可以考虑以下 3 个维度：以毕业要求为观测点，审视是否存在毕业要求没有课程支撑的情况；以课程为观测点，审视是否存在课程不支撑毕业要求的情况；从支撑关系分布综合判断，分析是否存在某个教学环节支撑了过少或过多的毕业要求，以及某个毕业要求由过少或过多的课程予以支撑的情况，再对这些支撑关系进行具体的合理性分析。

四、1 个评价和多个改进

（一）毕业要求达成评价与课程体系、课程目标、教学内容及教学活动的改进

毕业要求达成情况评价机制是检验和判断学生学习成果是否达到预期质量标准的重要保障机制，也是专业开展课程体系等相关持续改进工作的基本前提。目前，毕业要求达成情况评价通常采用基于课程目标达成评价结果的直接评价法和基于学生问卷调查的间接评价法，收集和确定最具代表性、最能表征专业毕业要求内涵的学习成果的相关评估数据，并对这些数据进行定性或定量的统计整理和结果分析，确定毕业要求达成情况。课程目标达成评价是开展毕业要求达成评价的前提和基础，所以有效开展课程目标达成评价

是保证毕业要求达成评价依据合理性和准确性的关键。

毕业要求达成评价结果是开展课程体系、课程目标、教学内容及教学活动持续改进工作的重要依据。根据毕业要求达成评价结果可以判断学生各项能力的长处和短板，进而分析形成能力短板的原因，包括课程对毕业要求支撑关系的合理性、课程目标对毕业要求支撑关系的合理性、课程内容与教学活动对课程目标达成支撑的有效性分析等，从而开展有针对性的持续改进工作，如调整支撑课程、修订教学大纲、优化教学活动安排等。

（二）存在的问题与解决建议

目前毕业要求达成评价常见的问题包括：其所依据的课程目标达成评价的考核方式单一；评价依据合理性不受关注，课程目标达成评价数据、学生问卷调查数据直接用于毕业要求达成评价；未形成将评价结果有效应用于持续改进的机制，为了评价而评价，评价结果分析不深入，未开展有效的持续改进工作等。

评价方式方面。毕业要求达成评价、课程目标达成评价是对学生学习产出的评价，评价内容、评价方式应突出或围绕"学习产出"予以设定，为准确评价"学习产出"服务。学习产出与教学内容掌握情况不同，对于后者，我们习惯于通过结课考试等形式进行终结性评价，对于学习产出应根据其具体的能力要素范畴及其形成过程，采取多元化、多维度的评价方法。如针对使用现代工具相关的学习产出，可通过对课程设计报告、实验操作及报告、项目报告、成果汇报等环节的考核进行评价；针对个人与团队、沟通、终身学习相关的学习产出，可通过对讨论课汇报、项目汇报、课程设计汇报等环节的考核进行评价。

评价依据方面。需要保证毕业要求达成评价所基于数据的合理性，即用于评价的数据与"学习产出"相关。数据不能是未经过学生能力相关性分析的考试或问卷调查数据。专业应有专门组织机构或负责人对用于评价的数据内容、数据来源、收集方法的合理性进行审核。根据课程目标与毕业要求的支撑情况、课程目标达成评价情况，对用于毕业要求达成评价的课程的评价数据进行合理性和有效性分析。采用基于学生问卷调查的间接评价数据，也需保证其与毕业要求达成的相关性，并可通过基于该数据与课程目标达成情况评价数据所作的毕业要求达成评价情况进行印证检验，证明评价结果的有效性。

评价结果使用方面。评价是改进的基础，改进是评价结果的重要应用。毕业要求达成评价结果是开展课程体系等持续改进工作的重要依据。当某一项毕业要求的达成情况较低时，首先需要确定目前的课程能否有效支撑该毕业要求，不能支撑则调整支撑课程配置；如能够支撑，需要确定影响支撑程度和效果的因素，分析课程目标对毕业要求的支撑关系、教学内容与课程目标的关联关系、教学活动对课程目标达成的支撑关系、课程评价与课程目标的对应关系等，对课程目标与毕业要求的支撑关系、课程目标及课程教学内容、教学活动等进行有针对性的改进。

五、3 类问题

专业毕业要求是培养目标中近期（毕业时）目标的具体化，可在课程体系及课程教学中落实，可通过课程目标及毕业要求达成情况予以评价，并应根据专业培养目标、培养定位及专业特点等因素，将专业人才培养聚焦相关工程领域，体现专业特色。然而，目前专业毕业要求制定中还存在一些问题，如专业毕业要求对标准毕业要求覆盖不足、毕业要求缺乏可衡量性、毕业要求同质化严重等。

（一）毕业要求存在的 3 类问题

1. 专业毕业要求对标准毕业要求覆盖不足

因对标准毕业要求内涵理解不准确等原因，目前部分专业毕业要求对标准毕业要求覆盖不足，包括专业毕业要求在广度上不能做到对通用标准的内涵全覆盖，在程度上低于通用标准内涵要求。

例如在专业毕业要求"使用现代工具：能够针对复杂软件工程问题，选择恰当的技术、资源、现代工程工具和信息技术工具，并掌握其使用方法，包括对复杂软件工程问题的预测与模拟，并能够理解其局限性"中，"掌握"

和"选择"分别对应认知层次中的"掌握"和"分析"。标准毕业要求中属于"创造"维度的"开发"，未在专业毕业要求中予以体现。类似情形，在"环境和可持续发展：能够理解和论证针对软件工程复杂工程问题的工程实践对环境、社会可持续发展的影响"的要求中，属于"掌握"维度的"论证"与标准毕业要求中属于"评价"维度的"评价""判断"不处于同一认知维度。

再如专业毕业要求"工程与社会：能够基于专业相关背景知识进行合理分析，评价软件工程实践和一般工程问题解决方案对社会、健康、安全、法律以及文化的影响，并理解应承担的责任"，这一专业毕业要求表面上符合"工程与社会"，即工程对社会、健康、安全、法律以及文化影响的考量及责任的承担，但忽视了"工程背景"和"复杂工程问题解决方案"的层次限定，未准确体现复杂工程活动与广义工程活动、复杂工程问题与广义工程问题的区别。

此外，部分专业毕业要求实现了字面上对标准毕业要求的覆盖，但由于其对标准毕业要求内涵的理解存在偏差，导致课程体系设置以及用于评价相应产出的目标不能或不能准确支撑相关毕业要求。这种情况多出现在非技术能力毕业要求中，如使用体育、军事训练等课程支撑"多学科背景下团队合作意识和能力"，表明专业对"多学科背景"的理解存在偏差。

2. 毕业要求缺乏可衡量性

毕业要求缺乏可衡量性主要表现为毕业要求相关能力难以评价及难以落实。部分专业毕业要求能力描述不清晰，或形容词使用不恰当，导致难以准确评价。如"能够精准设计针对软件工程复杂工程问题的解决方案，设计满足用户全面需求的系统、单元（部件）或工艺流程，并能够在设计环节中深入体现创新意识，考虑社会、健康、安全、法律、文化以及环境等因素"，其中"精准"设计、"深入"体现等模糊表述和限定，导致难以准确评价该项能力的具体达成情况；用"全面"需求代替"特定"需求，体现了对毕业要求能力定位不准确，在本科阶段难以通过合适的课程予以支撑以保证其达成，即不可落实。

3. 毕业要求同质化严重

同质化是目前专业毕业要求的常见问题，即将标准毕业要求直接套用，仅在各项毕业要求中加入专业领域限定语，如"车辆工程领域"的复杂工程问题、"交通运输工程领域"的复杂工程问题、"环境工程领域"的复杂工程问题等。这导致相同专业具备了相同的毕业要求，相同的毕业要求导致用几乎相同的课程体系和教学活动予以支撑。培养研究型人才的专业和培养应用型人才的专业具有相同的毕业要求、课程体系和教学活动，这不仅是毕业要求的同质化，更是人才培养过程的同质化。导致这一问题出现的主要原因是对毕业要求的制定要求（使用程度性描述体现专业内涵与特色）和标准毕业要求角色本质（通用标准、最低要求）的理解不到位，是为了实现专业毕业要求对标准毕业要求的准确覆盖所采取的"万无一失"的方法。

（二）如何解决上述 3 类问题

标准毕业要求是《华盛顿协议》成员根据 WA 毕业要求制定的毕业要求框架，具有通用性。通用性不是直接套用，应是在准确理解标准毕业要求内涵的基础上，实现专业培养目标、培养定位、专业特色与办学条件等因素映射下的，对毕业生毕业时应具备能力和素养的准确描述。用好动词，实现准确覆盖；用好限定词，突出专业特色；聚焦解决复杂工程问题能力是解决上述毕业要求存在问题的关键。

用好动词，实现准确覆盖。准确使用不同的动词表达某种能力的特征和程度差异。例如标准毕业要求"能够将数学、自然科学、工程基础和专业知识用于解决复杂工程问题"中的能力特征和程度是"用于"，属于认知维度中"应用"的层面，而不是"掌握"数学、自然科学、工程基础和专业知识，或"解决"复杂工程问题。"掌握"是"应用"的前提和基础，但该毕业要求的内容是要求达到"应用"的能力层级，即需要在"掌握"的基础上会"应用"。而"解决"与复杂工程问题构成固定短语，该毕业要求中并不要求达到用数学、自然科学、工程基础和专业知识"解决"复杂工程问题的程度。

例如专业毕业要求"掌握金属材料工程专业所需的数学、自然科学、工程基础和专业知识，并能够将其应用于解决金属材料生产和研发中的复杂工程问题"，相对准确地表述了从"掌握"到"应用"的逻辑关系，并将重点落到了"应用"上。确定该毕业要求观测点时，可使用的动词涉及掌握、表达、建立、分析、应用等。

用好限定词，突出专业特色。准确使用符合并能够有效支撑专业培养目标和定位的限定词，是将标准毕业要求"专业化""特色化"的关键。仍以标准毕业要求工程知识举例，"数学、自然科学、工程基础和专业知识""复杂工程问题"为名词或名词短语，将怎样的"数学、自然科学、工程基础和专业知识"应用于怎样的"复杂工程问题"，是专业制定毕业要求需要思考的，也是将标准毕业要求"专业化""特色化"的过程。

在上面的例子中，将"金属材料工程专业所需的"数学、自然科学、工程基础和专业知识，应用于解决"金属材料生产和研发中的"复杂工程问题，则"金属材料工程专业所需的"和"金属材料生产和研发中的"即是对数学、自然科学、工程基础和专业知识及复杂工程问题的修饰和限定。再如"掌握车辆工程专业所需的数学、自然科学、工程基础和专业知识，并能将其应用于解决车辆工程领域尤其是矿用车辆领域的复杂工程问题"的要求中，"尤其是矿用车辆领域"表现了专业培养工程人才的职业领域，也是具有特色的职业领域，突出了专业人才培养特色。

聚焦解决复杂工程问题能力。WA 毕业要求将复杂工程问题和解决复杂工程问题作为中心概念[3]。标准毕业要求中工程知识、问题分析、设计 / 开发解决方案、研究、使用现代工具、工程与社会、环境和可持续发展、沟通等8 项毕业要求，均明确将学生能力要求聚焦到复杂工程问题和解决复杂工程问题能力上；职业规范、个人与团队、项目管理、终身学习，字面虽未提及"复杂工程问题"，其内涵均聚焦解决复杂工程问题所必需的非技术能力及相关工程意识与素养。相关内容将在第七章中详细说明。

专业制定毕业要求应在准确理解复杂工程活动及复杂工程问题特征的基础上，根据标准毕业要求，结合专业的内涵和特色，将相关内容体现到各项能力要素、能力水平要求中。关注专业内涵和特色是准确定位复杂工程问题具体领域、程度、范畴的关键，也是保证课程设置、教学活动对相关能力培养有效支撑的前提。如上文例子中，"金属材料生产和研发"的复杂工程问题、"车辆工程领域尤其是矿用车辆领域"的复杂工程问题，将解决复杂工程问题能力培养聚焦于专业所属相关工程领域，这是保证相关学习产出达成的重要前提。

第五章　工程教育专业认证视角下课程体系建构理念

　　我国工程科技人才培养的课程体系建构理念具有偏重理论知识、对工程实践能力培养重视不足的情况。20世纪90年代，在世界高等工程教育逐步重视工程实践能力和社会经济发展对人才要求更加复杂化的综合背景下，我国引入了美国等发达国家的工程教育模式，开始将通识教育和专业教育相结合，更加关注理论与实践相结合[14]。然而，纵观我国工程教育专业课程体系，仍体现明显的学科烙印。课程体系以学科知识结构为组织原则，对工程实践需求及学生工程实践能力培养重视不足，割裂了课程与社会需求的关联，导致工程专业毕业生就业能力与工程社会及行业需求匹配度不足。因此，工程专业应以课程体系改革为着力点，切实解决课程体系学科化、课程结构僵化、课程对学生毕业要求特别是工程实践能力达成支撑不足等问题，使工程教育利益相关者诉求、人才培养目标设计、毕业要求达成与课程体系建设实现联动。

一、课程体系建构理念概述

　　课程体系是指在一定的教育价值理念指导下，将课程的各个构成要素加以排列组合，使各个课程要素在动态过程中统一指向课程体系目标实现的系统[15]。课程体系建构理念由人才培养理念决定。课程体系的架构一方面反映一定的课程体系建构理念，另一方面反映专业的人才培养理念、培养目标及办学特色。课程体系建构理念决定课程的选择、组合及顺序，是课程综合体的上层建筑，课程体系建构理念也决定课程的目标指向。

从国内外工程教育发展历程及现今的发展情况看，工程教育课程体系建构理念主要表现为两种倾向，即科学范式和工程范式，部分高校兼顾了科学范式和工程范式的部分特征。

科学范式课程体系建构理念以学科为课程第一组织原则，用学科的知识逻辑结构进行课程的选择与组织，追求学生对学科知识掌握的广度与深度，忽视工程知识的应用及工程之外其他领域的知识及其应用。在这种课程体系下，数学、自然科学、工程基础及工程科学相关课程占比较高，人文社会科学类通识教育课程占比较低；课程结构一般以基础课、专业基础课、专业课三段式论；课程选择重理论轻实践，理论教学与实践教学脱节严重，实践教学系统性不强。这种课程组织理念在工程实践日渐综合化、系统化、复杂化、整体化的背景下，难以培养出满足工程社会需求及行业需求的工程科技人才。回归工程实践成为高等工程教育面向社会需求调整人才培养模式的内在要求。

工程活动是人类利用各种要素的人工造物活动，其类别庞杂，但具有一定的普遍规律。工程范式课程体系建构理念遵循工程活动的认识规律，在工程产品及系统的构思、设计、实现、运行过程的背景环境基础上组建课程体系及课程群。工程范式课程体系建构理念是工程教育回归工程实践的重要体现，构建工程范式课程体系是工程教育回归工程实践的重要路径。

工程范式课程体系建构理念强调课程体系建构应在整体工程观的指导下，打破学科界限，以工程逻辑为课程组织基本原则，并充分考虑工程教育利益相关者的诉求。整体工程观强调工程是在多因素背景下开展的综合的、复杂的、系统的工程活动，需要工程师具有基于技术的和非技术的综合能力，且非技术因素所占比例日益增加，工程师的良好的协作与配合能力、有效表达与交流、职业道德与社会责任感的具备变得越来越重要。工程实践中需要工程师能够设计满足特定需求的系统、单元或工艺流程，解决复杂工程问题，并考虑创新意识，考虑社会、健康、安全、法律、文化以及环境因素，工程师应在此基础上具有人文社会科学素养和社会责任感。课程体系的建构需要关注知识、能力与素质的融合，理论教学体系与实践教学体系的融合，专业教育与通识教育的融合；关注学生工程实践能力和创新能力的培养；关注学生学习能力及终身学习能力、沟通表达能力、团队合作能力的培养。

此外，对工程教育来说，由于其学科专业的特点，它在国家经济社会发展中起到重要作用，其办学也要求与社会联系得更加紧密，因此各利益相关者对工程教育的影响也更加显著和深入[16]。用人单位作为来自高等工程教育系统外的主要利益相关者，其对课程体系的诉求长久以来没有得到应有的重视。工程范式课程体系建构充分考虑用人单位对课程体系的诉求，将用人单位诉求调查与课程体系建构或修订建立联动机制，并将此制度化，以保证课程内容及时更新，与行业实际发展相适应。

二、工程教育专业认证视角下的课程体系建构理念

《华盛顿协议》认证体系的课程体系建构理念也经历了由以学生掌握知识为中心转变为以学生学习产出为中心的过程，这源于行业及用人单位反映课业成绩好的学生并未掌握专业领域实践所要求具备的能力和素养。这反映出工程教育对工业发展的现代需求适应性不足，课程体系设置过度科学化，课程目标脱离工业需求。此后，《华盛顿协议》成员倡导基于学生学习成果的教育理念，课程体系设置中注重工程科学与工程实践的平衡及课程的工程化，呈现回归工程实践需求的轨迹。

（一）成果导向教育模式与工程教育回归工程实践

1. 成果导向教育模式与形成于工程实践的外部需求

成果导向教育模式是区别于传统教育正向设计的反向教育设计。正向设计是从课程体系开始，再到培养目标，再到需求。然而，这时的需求一般只能满足内部需求，而不一定能满足外部需求，因为它是教育的结果而不是教育的目标[17]。正向设计中，课程体系建构已按照学科知识逻辑结构"约定俗成"。在这种模式下，学科是人才培养的起点，学科内涵决定了课程体系，进而决定了毕业要求、培养目标。这时的培养目标与学科发展紧密挂钩，与工程实践及行业需求结合不够紧密。成果导向教育模式是反向教育设计，根据

内外需求确定培养目标，根据培养目标确定毕业要求，根据毕业要求确定课程体系，根据学生毕业要求达成情况评价及培养目标达成情况评价，判断人才培养质量。成果导向教育模式中，工程教育内外部需求是人才培养的起点和旨归。需求包括来自学科及专业发展趋势、学校人才培养定位、专业人才培养规格等内在需求；来自工程社会、行业、用人单位等工程教育利益相关者的外部需求。成果导向教育模式在正视内部需求的基础上，将形成于工程实践的外部需求贯穿人才培养的始终，包括培养目标和毕业要求确定、课程体系建构、培养过程实施、培养效果评价以及持续改进工作的开展等环节。

2. 成果导向教育模式与整体工程观下的工程实践

如前所述，整体工程观下的工程实践是在多因素背景下开展的综合的、复杂的、系统的工程活动，需要工程师具有基于技术的和非技术的综合能力。未来的工程师不再是单一的技术者，而是具备较强的分析能力、实践技能、创新能力、商务管理能力、领导力、较高的伦理素质和专业精神；他们应具备有效的沟通和团队合作能力；对当代社会问题和可持续发展应高度关注；他们还应该具备较好的执行力、灵活性和乐观的态度，并成为终身学习者[18]。成果导向教育模式下的课程体系建构及人才培养过程，围绕解决复杂工程问题的能力（包括工程知识应用、问题分析、设计/开发解决方案、研究、使用现代工具、工程与社会、环境和可持续发展、职业规范、个人和团队、沟通、项目管理、终身学习等方面的能力和素养要求）而系统展开，在关注技术因素能力培养的同时，关注非技术因素能力的培养。非技术因素能力主要包括"能够基于工程相关背景知识进行合理分析，评价专业工程实践和复杂工程问题解决方案对社会、健康、安全、法律以及文化的影响"；"能够理解和评价针对复杂工程问题的工程实践对环境、社会可持续发展的影响"；"具有人文社会科学素养、社会责任感，能够在工程实践中理解并遵守工程职业道德和规范，履行责任，并理解应承担的责任"；"团队合作、沟通交流、终身学习"等。这符合整体工程观下工程实践的多因素背景及工程活动的综合性、复杂性、系统性特征及发展趋势对工程师培养的要求。

（二）基于成果导向的课程体系建构理念

1. 课程体系建构与工程教育利益相关者诉求联动

成果导向教育理念以学生接受教育后所取得的学习成果为导向，强调人才培养与社会行业需求的高度契合。学习成果的确定由内外需求确定，用人单位作为来自高等工程教育系统外的主要利益相关者是外部需求的主体；学习产出的培养效果在经过课程目标达成评价、毕业要求达成评价的同时，将接受用人单位的检验与评价。学习产出的确定受工程教育利益相关者的影响，学习产出的效果需接受检验与评价。

在成果导向教学模式中，课程体系建构与工程教育利益诉求建立联动。通过用人单位诉求调查、用人单位满意度调查等，将来自行业的工程科技发展趋势判断及对工程科技人才能力素质要求预判，来自企业的对工程科技人才能力素质的需求，来自用人单位对工科毕业生能力素质的评价与反馈等因素，体现在课程体系建构和修订中。同时，工程专业课程体系建构和修订机制中应自觉地将用人单位纳为参与主体之一，充分考虑用人单位诉求，共同开展课程体系建构和修订相关工作。

2. 课程体系建构能够实现对毕业要求及培养目标的有效支撑

在成果导向教育模式中，强调教育者首先要考虑学生在毕业时应达到的目标，然后以此为基准反向构建课程目标与选择课程内容。课程体系的设置是服务于毕业要求和人才培养目标达成的，因此在进行课程设置时，首先应当考虑专业整体的人才培养目标，在理念的指导下再判断如何以最佳方式安排学习体验的先后顺序，这样才能建立起培养目标与课程之间的联系，从而构建有效、丰富且相关联系的知识学习体系[14]。世界一流大学十分注重工程教育专业课程体系与培养目标相符合，强调课程的设置是为实现人才培养理念而服务的。例如MIT的课程性质及类型定位清楚、分类明确，每门课程都明确提出其对培养目标实现的支撑及学分设定等方面的教学要求，既考虑课程本身的内容与特点，更注重其与工程科技人才培养目标的结合。

基于成果导向的课程体系建构遵循产出导向，以围绕学习产出确定的培养目标和毕业要求为出发点，以保证学习者实现学习产出为目标。在成果导向教育模式中，以学生接受教育后所取得的学习成果为导向，由内外需求确定培养目标，由培养目标确定毕业要求，再由毕业要求确定课程体系。课程体系的建构是根据培养目标及毕业要求对课程进行选择、组合及排序的过程，也是将毕业要求内化、分解到课程，确定课程与毕业要求之间对应关系的过程。

在成果导向教学模式中，根据培养目标确定的毕业要求是课程体系设置的依据，课程体系是人才培养目标及毕业要求达成的重要支撑。课程体系需将毕业要求的全部观测点贯穿于课程。只有把毕业要求贯通于课程体系设计中，在毕业要求与课程之间建立有机关联，才能保证所要培养的知识、能力、素养有具体的教学环节承载。建立两者联系的主要任务是从毕业要求出发，全面、系统分析和审视整个专业课程体系，在毕业要求与课程体系之间建立对应和关联关系。对毕业要求没有支撑关系的课程将被审视其在课程体系中存在的必要性。

3.课程体系建构关注知识、能力与素养一体化培养要求

工程实践综合性、复杂性、系统性特征日趋明显，课程体系建构需要关注知识、能力与素养的一体化培养。成果导向教学模式的专业培养目标和毕业要求涵盖对毕业生知识、能力与素养的全面描述。其强调遵循工程活动的认识规律，面向多因素背景下的复杂工程实践开展人才培养，围绕针对解决复杂工程问题的包括工程知识应用、问题分析、设计/开发解决方案、研究、使用现代工具、工程与社会、环境和可持续发展、职业规范、个人和团队、沟通、项目管理、终身学习等方面的能力要求进行课程体系建构。基于成果导向的课程体系建构强调知识、能力与素质的一体化培养；理论教学体系与实践教学体系的融合，专业教育与通识教育的融合；基于技术的和非技术的综合能力的培养；人才培养情况对社会需求的契合等。

4.课程体系注重更新调整与持续改进

成果导向教育模式强调学习成果达成情况的定期评价，并将评价结果用于持续改进，最终目的是实现专业培养目标的达成。定期开展课程体系合理性评价及修订，课程体系处于动态调整和持续改进中，其调整和改进受内外需求变化、培养目标和毕业要求调整、课程目标达成情况等因素影

响。通过定期评价课程目标达成情况、毕业要求达成情况及开展相关调查，修订课程体系及调整课程与毕业要求有关内容的对应关系；通过定期评价培养目标达成情况，不断完善毕业要求和课程体系，保证课程体系对毕业要求的有效支撑。

第六章　OBE 进课堂

经过十余年的探索和努力，我国工程教育专业认证在理解落实成果导向教育理念的过程中由"形似"走向"神似"。实现这个转变的关键是成果导向教育进课堂，这是中国工程教育专业认证的"最后一公里"[4]。OBE 进课堂是成果导向教育体系的建构基础，是实现工程教育认证专业毕业能力实质等效的根基。OBE 进课程和课堂教学，既是当前工程教育改革的难点、痛点，也是重点和突破点[19]。成果导向下的课程目标确定、课程目标实现、课程目标评价等课程教学设计中，如何体现以学生为中心、如何实现以学生学习产出为教学设计逻辑本位，并通过有效的课程评价和持续改进保证课程目标达成是 OBE 进课堂需要解决的关键问题。

一、OBE 为何要进课堂

成果导向教育的主逻辑链条是将根据工程教育内外部需求制定的培养目标，通过毕业要求、课程体系、课程目标、教学活动等环节和活动，逐层传导、设计、实施的过程，以实现课程教学产出、学生学习产出、专业教育产出对内外部需求的契合及最终达成。

在这个过程中，学习成果确定、学习组织实施、学习成果评价与改进均体现以学生为中心、以成果为导向和持续改进的理念。培养目标、毕业要求、课程目标的确定均围绕学生及学生学习成果产出确定；学习组织实施中，教师是教学过程的参与者、引导者和推动者；学生是主动学习者、自主建构者、积极发现者和执着探索者[10]；评价学习成果关注学生各方面能力的增值情况，通过对各层级学习成果产出的达成情况进行逐层评价，实现评价—分析—反馈—改进—再评价的循环，持续地改进教学环节、课程体系、毕业要求和培养目标，以保障其始终与内外部需求相符合，保证学习成果的达成。

以学生为中心、以成果为导向和持续改进作为我国工程教育专业认证的基本理念，其内在具有紧密的逻辑关系，其外显也是不可分割的。以学生为中心是以成果为导向的应有之义，以成果为导向是以学生为中心的充分体现；持续改进是成果导向本有之义，是以学生为中心、以成果为导向实现的保障。

（一）成果导向教育中的 3 个产出

成果导向教育强调以"成果"为导向确定人才培养活动的架构与实施策略，明确"成果"是前提，具体包括专业教育产出、学生学习产出、课程教学产出。

1. 专业教育产出

专业教育产出即专业培养目标，是对毕业生毕业后 5 年左右能够达到的职业和专业成就的总体描述。它是确定毕业要求、课程体系、开展各项教学活动的基本依据，其达成情况是评价专业人才培养质量的重要标准。从人才培养方案设计的角度看，确定培养目标是设计的起点，培养目标是人才培养方案的总纲。

2. 学生学习产出

学生学习产出即毕业要求，是对学生通过本科阶段学习在毕业时获得知识和掌握能力的基本要求。毕业要求达成为培养目标达成提供基础，是达成培养目标的支撑，与学生毕业后一定时间的工程实践经验共同作用，保证培养目标的达成。

3. 课程教学产出

课程教学产出即课程目标，是对学生通过某一课程的学习所能获得的知识、能力、素养的具体描述。课程目标由毕业要求决定，需要支撑毕业要求，所有毕业要求均需有相应的课程目标予以支撑。课程目标达成是毕业要求达成的基础，课程目标达成支撑毕业要求的达成。

从成果导向教育 3 个产出间的关系可以看到，课程教学产出是学生学习产出、专业教育产出的基石，课程目标达成是毕业要求和培养目标达成的关键。

（二）成果导向教育实施的 3 个关键问题

成果导向教育强调"成果"的预先设定，围绕"成果"设计实施教学活动，对"成果"实现情况进行达成评价，并用于改进。

1. 学习成果的确定

如上所述，学习成果（该部分"学习成果"指广义上的学习产出）的确定是根据工程教育内外部需求确定培养目标，根据培养目标确定毕业要求，根据毕业要求确定课程目标的过程，即明确专业教育产出、学生学习产出、课程教学产出的过程。

2. 学习成果的实现

学习成果的实现是围绕预设的学习成果，通过课程体系设置、师资支持、教学资源配置、教学活动组织、教学机制保障等，保证课程目标达成、毕业要求达成和培养目标达成的过程。课程是基本的教学单位，围绕课程目标的实现所开展的教学活动是毕业要求达成和培养目标达成的根基。

3. 学习成果的评价

学习成果的评价是对各层级学习成果产出的达成情况进行逐层评价的过程，包括课程目标达成评价、毕业要求达成评价、培养目标达成评价。其中课程目标达成评价是基础，其评价依据的合理性及结果的有效性直接影响毕业要求达成评价的有效性。

从成果导向教育实施的 3 个关键问题可以看到，"学习成果的确定"指向培养目标、毕业要求、课程目标；"学习成果的实现"主要指向课程教学活动，通过课程教学组织、相应的资源及机制保障课程目标达成，是毕业要求及培养目标达成的关键；"学习成果评价"指向课程目标达成评价、毕业要求达成评价、培养目标达成评价，其中课程目标达成评价是基础。

（三）成果导向人才培养体系设计与实施的 2 条主线

成果导向人才培养体系设计是自上而下的，终至课程。表现为培养目标顶层设计是起点，经过毕业要求及课程体系设计，将能力培养任务传导至课程，进行课程目标、教学内容与方式、课程目标达成评价方案的设计。课程教学设计与具体实施情况是人才培养目标达成的根基。

成果导向人才培养体系实施是自下而上的，始于课程。表现为由课程教学实施支撑课程目标达成，课程目标达成支撑毕业要求达成，毕业要求达成支撑培养目标达成。课程教学产出达成是学生学习产出、专业教育产出达成的基础。

综上，通过成果导向教育的 3 个产出、成果导向教育实施的 3 个关键问题、成果导向人才培养体系设计与实施的 2 条主线，可以清晰说明 OBE 进课堂的必要性和重要性。OBE 不进课程，面向产出的人才培养体系就成了空中楼阁。OBE 进课堂是中国工程教育专业认证的"最后一公里"，是目前实现工程教育专业认证从"形似"到"神似"转变的关键。

二、OBE 如何进课堂

OBE 进课堂，需要将成果导向教育理念在课程目标确定、课程目标实现、课程目标达成评价中一以贯之。课程目标确定、课程目标实现及课程目标评价均聚焦学习产出：课程目标需要合理支撑相应毕业要求；教学内容及策略设计与实施需要有效支撑课程目标达成；课程目标达成评价需要准确评价学习产出达成情况，并获得用于持续改进的有效评价数据。这些内容均应在课程教学大纲中予以明确和规范。

（一）课程目标的确定

在传统教学中，教学内容先于教学目标存在并占据核心位置。在 OBE 教育中，教学目标（学生预期学习产出）先于教学内容存在并居于主导地位，课程资源开发、教学环节设置、教学组织实施等活动都需围绕预期目标展开[19]。课程目标的预先设定基于其对毕业要求的支撑情况，是将该支撑关系具体化的过程，是课程"明确任务"的功能细化，是课程"小系统"融入 OBE 教学体系"大系统"的逻辑接口[19]。课程目标还决定着课程教学内容与策略设计，影响着课程目标达成评价方案设计等环节。课程目标的设定情况影响课程"融入"OBE 教学体系的过程和效果。

1. 课程目标的确定原则

课程目标是对学生通过具体课程学习应获得学习成果的描述。课程目标的确定是在明确课程与毕业要求支撑关系的基础上，将其支撑任务明确化、具体化的过程。目前课程目标相关的常见问题表现为课程目标聚焦能力产出不足，课程目标与毕业要求支撑关系不当，课程目标不可落实、不易评价等，这主要是由课程目标对毕业要求"支撑"的内涵理解不够准确导致的。

（1）课程目标面向产出

课程目标面向产出是课程目标设计的核心原则。课程目标是培养目标、毕业要求在课程层面的具体落实，是成果导向教育在课程层面设计的关键。培养目标经由毕业要求设定、毕业要求与课程体系矩阵关系设定，聚焦到具体课程；课程将其对毕业要求的支撑任务明确化、具体化的过程，即是课程目标设计的过程。课程目标不应由既定的课程内容、教材内容等因素决定，而是由其所支撑的毕业要求决定，体现以学生学习成果为核心的产出导向。

（2）课程目标可落实

课程目标确定是成果导向教育在课程层面设计的第一步，课程目标的实现需要课程教学内容、方法和策略的支撑。课程目标需具有可落实性，以保证课程目标可达成，进而保证毕业要求的达成。可落实性要求课程目标是学生通过该课程学习能够取得的相应学习成果，而且是全体学生能够取得的学习成果，这要求课程目标定位准确。部分专业将专业课应承载的支撑任务赋予基础课程，课程目标定位不准确，则不具有可落实性。可落实性要求课程目标根据学习成果所处的认知层次使用准确的动词进行引导，应避免动词使用不准确，或使用内涵模糊的动词。部分专业对"应用""分析""评价"等层次相关动词使用不当，导致课程目标不可落实。

（3）课程目标具有清晰指向性

课程目标是学生通过课程学习所能取得的学习成果，对学生学习活动具有目标导向作用。课程目标设定应体现学生的主体性，即学生作为课程学习活动的主体，通过怎样的学习活动，能够获得怎样的学习成果；而不是教师通过怎样的教学活动，能够让学生掌握什么。这是以学生为中心理念在课程目标设定中的具体体现，学生是实现课程目标的主体，课程目标为学习活动提供了清晰的指向，有利于调动学生学习的积极性、主动性。

（4）课程目标可评价

课程目标可评价是指通过选取适当的方法能够实现对课程目标达成情况的评价，进而能够对毕业要求达成情况进行评价。课程目标达成评价是毕业要求达成评价的基础，课程目标的可评价和可准确评价是后续评价结果合理可信的基础。为保证课程目标可评价，需要梳理各课程目标的内涵和关系，一方面课程目标不能太宏观，不利于评价；另一方面各课程目标间应具有适当的边界，能力产出应体现递进层次，这有利于实现课程目标对毕业要求的准确支撑及课程目标达成的准确评价。

2. 实现合理支撑的前提

（1）毕业要求与课程目标内涵清晰

毕业要求内涵清晰是实现课程对其进行准确支撑的前提。毕业要求内涵含混不清或太过宽泛，将导致课程体系支撑关系不准确，课程自然不能确定准确的目标予以支撑。课程目标应是明确具体的，比毕业要求更微观，并能体现课程特点。要避免将课程所支撑的毕业要求直接作为课程教学目标，因为毕业要求相对宏观，对课程教学而言，不具备足够的可实施性与可衡量性[20]。各课程目标间还应具有适当边界，以减少课程目标与毕业要求出现过多的复杂交叉支撑关系。

（2）任课教师对课程支撑任务理解准确

在培养目标、毕业要求及课程体系设计中，更多地体现专业负责人等对成果导向教育的理解和执行情况，以及在此基础上对人才培养体系进行的顶层设计。具体到课程目标设计层面，需要对毕业要求具有支撑任务课程的全体教师对毕业要求内涵的准确理解，特别是对具体课程的支撑任务的准确理解，这是OBE进课堂的路径是否畅通的关键。在课程层面，教师是课程目标的制定者、教学内容及教学策略的设计者、教学活动的引导者、教学评价与改进的组织者。教师对所承担课程在人才培养中的角色和地位，以及其对毕业要求的支撑任务的理解，是教学大纲制定及后续教学工作有效开展的前提。

应通过组织专业人才与相关任课教师进行深度研讨等形式，实现教师对毕业要求内涵相对一致的认识，并在此基础上确定课程与毕业要求的支撑关系及课程目标内容。

（二）课程目标的实现

成果导向教育下，课程目标的实现是根据课程目标进行教学内容、环节、模式及方法设计并实施的过程。坚持成果导向是此过程的关键。

1. 课程目标决定教学内容设计

课程目标决定教学内容，教学内容需要能够支撑课程目标的实现。课程目标是面向产出的，聚焦的是学生的学习成果，即能力产出，课程教学内容也应聚焦学生的学习成果，聚焦能力产出。成果导向教育下，关注培养目标与工程教育内外部需求对学生能力素养要求的契合，并通过毕业要求、课程体系、课程目标将其传导到课程教学内容及教学活动的组织中。课程需要承载工程实践中所需并已体现到专业培养目标及毕业要求中的技术能力、非技术能力、工程素养，特别是解决复杂工程问题的能力。

具体实践中，专业对解决复杂工程问题能力、非技术能力、工程素养的教学内容组织存在一些疑惑。课程确定了对包含这些能力和素养的毕业要求的支撑，并据此确定了课程目标，但教学内容不能对课程目标进行有效支撑。比如，沟通、个人与团队、终身学习等能力的培养很难对应到具体的教学内容中，实践中就出现了将教学内容与课程目标硬性关联的情况。实际上，课程目标的实现确实需要教学内容的支撑，但这不是对教学内容进行简单筛选的过程，而是以上述能力素养培养为主线，对教育背景、支撑要素、教学内容、教学方法和策略的优选、加工与组合的过程。

2. 课程目标与教学内容决定教学策略设计

课程目标的能力导向决定了课程教学内容及其与教学策略组合的多元化、复杂化、个性化。教学策略确定的首要原则是服务课程目标的达成。为保证课程目标的达成，需要与教学内容协同设计确定通过什么环节学（课程教学、课程实验、课程设计、讨论课等），通过什么模式学（翻转课堂、案例教学、项目式学习等），通过什么方法学（启发、引导、探究、协作、研讨等）。教学策略设计需要关注课程目标达成的难点及学生学习习惯的堵点。

针对难点，包括上述解决复杂工程问题能力、非技术能力、工程素养等能力的培养，需要结合具有递进关系的课程目标，分别设计有针对性的教学策略。以车辆工程专业"汽车构造"课程目标Ⅲ"能够运用专业知识及文献资料，针对不同用途的汽车，综合分析其底盘构造的整体差异以及底盘各机构系统、主要总成与零部件的构造差异和特点，初步完成汽车底盘各总成的选型"和课程目标Ⅳ"能清晰表述不同用途汽车底盘构造的整体差异，底盘各机构系统、主要总成与零部件的构造差异和特点，以及汽车底盘各总成的选型依据，并能就相关问题进行很好的沟通交流"为例。课程目标Ⅲ要求在掌握专业知识的基础上，辅之以研究相关文献资料，能够对汽车底盘构造的整体差异等进行"综合分析"，确定初步的汽车底盘各总成的选型。课程目标Ⅳ要求"清晰表述"相关差异和特点，并能对相关专业问题进行沟通交流。课程目标Ⅲ对应专业技术能力中问题分析及研究等高阶能力，课程目标Ⅳ重点关注针对专业领域问题进行有效沟通交流的非技术能力。针对课程目标Ⅲ，除了课程教学讲授外，可以设计课程实验、讨论课等环节，采取项目式学习模式，使用启发、引导、探究、协作、研讨等教学方法，形成聚焦能力培养的多元化教学策略框架，再将具体的教学内容与教学环节、模式、方法进行精准匹配，以实现对"能够综合运用专业知识和文献资料分析车辆工程领域的复杂工程问题并获得有效结论"达成的有效支撑。针对课程目标Ⅳ，可在分组开展的讨论课、项目式学习及相关教学活动的组织和考核中，培养和提升学生与其他成员就专业问题进行有效沟通的能力。

由于受传统教学模式的影响，在教学活动中，教师是主导者，主导了教学活动的安排和进程；学生是被动接受者，是知识输出的接收方，学生的积极性、主动性不强。在成果导向教育下，特别是以能力为核心的产出导向下，学生自主学习、探究学习等是支持课程目标达成所必须具备的能力。在教学策略设计中，需要合理选择能够调动学生主动学习积极性的课程教学模式及方法。其中项目式学习是解决这一学习习惯堵点的有效途径之一。

这里仅结合"汽车构造"课内三级项目中的一项任务进行简单介绍。该课程的项目任务之一是"对已给定的车型，分析其底盘构造的整体构造特点以及底盘各机构系统、主要总成和主要零部件的构造特点；根据车辆给定的用途，能够综合考虑经济、安全、法律、环境等因素，初步完成汽车底盘各总成的选型，并进行可行性论证以及成本分析"。这个任务可以拆解为几个具有递进关系的任务，形成任务驱动，包括底盘构造特点等方面的分析、综合考虑相关因素基础上的汽车底盘各总成的选型、可行性论证及成本分析等。这是具有相对复杂的背景，没有明确的解决方案，需要在具备相应知识的基础上，通过抽象思维和创新性的分析才能解决的问题。复杂工程问题的复杂性、真实性和挑战性容易激发学生的学习兴趣和学习热情，促使学生在解决问题的过程中学习知识、培养能力和提升素质[21]。项目实施前，需要将学习空间向课外延伸，学生需要通过开展资料搜集、查阅文献、整理信息及数据等环节自主完成前期工作。在项目实施过程中，学生是积极主动的参与者，教师是学习活动的引导者，学生需要在探究的过程中通过学习、协作、研讨等不断地解决所面对的问题。这个过程充分调动了学生的自主性、积极性，能够锻炼学生探究学习的能力，培养学生思考、质疑、研究、创新、决策、团队协作、自我管理、成果呈现和可持续发展等综合能力素养。这有利于解决传统学习模式的堵点，也有利于解决能力产出的难点。

（三）课程目标达成评价

面向产出的课程目标达成评价是毕业要求达成评价的基础，是面向产出评价机制的核心，也是 OBE 进课堂的重要环节和体现。但面向产出的课程教学评价与改进机制是目前专业认证实践的一个难跨越的"坎"，也是一个必须跨过的"坎"。难就难在"面向产出"。专业主讲教师已经习惯了面向教学内容的课程评价，很难接受或者说很难适应面向产出的课程评价[4]。面向产出的课程评价是对课程目标达成情况，即能力产出情况的评价。如何针对能力产出情况设计评价方案，如何实现对能力的准确评价是面向产出评价机制的关键和难点。

传统的教育模式注重知识灌输，通过考核评价学生知识的掌握情况，通常采用终结性单一评价模式，关注的是学生的成绩。但 OBE 要求学生通过具有挑战性的任务，例如提出项目建议、完成项目策划、开展案例研究和进行口头报告等，来展示他们的能力获得或增值情况。OBE 更加关注创造性思维、分析和综合信息、策划和组织等高阶能力[5]，"一卷定音"的考核方式不能实现对高阶能力产出的准确评价。这就需要根据各个课程目标能力产出的性质和形式，设计多元化、多维度的考核评价体系，总结性评价与形成性评价并行，学习过程评价与学习结果评价并重，准确评价学习成果的同时，搜集用于持续改进的有效评价数据。

1.考核评价方案设计

面向产出的课程目标设定是实现毕业要求与课程映射关系，明确课程支撑任务的过程；教学内容与教学策略根据课程目标对毕业要求的支撑任务具体设定。相对应的每一个课程目标都需要根据其支撑任务、教学内容、教学环节等设定具体的考核评价方式，涉及对总结性评价、阶段性总结评价、形成性评价中各种具体方式的选择与多元化组合，并在考核内容的设计上聚焦能力产出目标，保证评价数据与课程目标能力产出的相关性，保证评价数据的合理性，以实现对课程目标能力产出的准确评价。

（1）总结性评价

总结性评价关注预期目标的达成情况。作为总结性评价方式之一的考试是目前使用最为频繁和相对成熟的方式。在传统教育模式中，利用考试环节判断学生对知识的掌握程度。在 OBE 的教育模式下，应该如何利用考试考查能力？重要的转变在于考试内容。考试的内容需与课程目标准确关联，聚焦能力产出目标。通过增加主观题比重、增强考试题目的综合性等方式，设计考查学生在知识掌握的基础上问题分析能力的题目。这类题目需要学生在对平时学习活动进行深入总结和分析的基础上，根据题目的相关背景进行抽象思维和创新分析得出结论。

除转变考试内容外，我们还应该用好考试考核方式，要更多地关注包括项目报告、实物展示、答辩讲解等考核方式。这些考核方式能很好地体现成果导向教育理念要求，更准确地评价高阶能力产出情况。如项目报告考核，通过制定明确的针对各个学习环节的考核评价标准，综合评价学生通过项目调研、项目研讨、项目实施、数据搜集与分析等环节完成报告撰写及汇报演示过程中的自主学习能力、专业技术能力（如问题分析、研究、方案设计等）、非技术能力（如个人与团队、沟通交流、终身学习等）。在这个过程中，学习活动是面向能力产出的，评价方式和结果也是面向能力产出的，有利于实现对课程目标达成情况的准确评价。

此外，通过将课程教学目标或者将能够体现教学目标达成的有关状态与能力描述作为主要评价指标，由学生根据自身学习体验与自我成效，给出每项指标的得分或等级，评价系统以此为基础结合相应的评价规则与算法，统计得出学生在每门课程、每个教学目标上的产出数据[20]，对于判断课程目标达成情况同样具有重要的参考价值。

（2）阶段性总结评价

阶段性总结评价关注阶段目标的达成情况，是在学生学习活动中，通过平时作业、阶段测试、阶段实验考核、小论文等方式，对已经完成学习任务的阶段性评价。阶段性总结评价对于了解学生阶段性学习产出，并促进最终课程目标达成具有重要作用。阶段性总结评价也应将评价重点聚焦于学习成果产出，只是具有阶段性、不完全性，但并不影响将相关能力或能力要素产出作为评价的核心。比如阶段性作业需要考核学生通过完成作业是否提升了相应的能力素养，而不是是否记住了公式和知识点；阶段测试及小论文需要考查学生在知识掌握的基础上，对问题的识别、表达、分析的能力；阶段实验考核需要评价学生通过完成相对有挑战度的实验，是否提高了知识的应用能力及解决复杂工程问题能力的某些要素等。

（3）形成性评价

形成性评价是指在教育、教学活动计划实施的过程中，对计划、方案的执行情况进行的评价，其目的是了解动态过程的结果，及时反馈信息，及时调节，使计划、方案不断完善，以顺利达到预期的目的[22]。在传统评价模式中，对学生学习情况进行总结性评价，评价的结果用于下一次教学活动的改进，在课程教学过程中没有发现问题、及时改进问题的常态化机制。形成性评价是通过对学生学习效果进行实时、全过程和多频次的评价来确认学生学习效果的一种评价，其目的不在于进行学生之间的对比与考核，而在于向学生提供学习情况的及时反馈，从而使教师和学生能够及时了解学生学习过程中存在的不足，进而提升和改进教师的教和学生的学[23]。形成性评价关注学生的学习过程，通过多种评价方式搜集体现学生学习状态的数据和信息，包括开展过程性考核，教师对学生学习状态的记录，以及通过问卷调查、学生座谈等途径，了解学生的学习体验及对后续学习活动的意见和建议等，以及时进行反馈，调整改进教学策略，促进课程目标的最终达成。

2. 基于评价的诊断与改进

成果导向教育下，课程目标达成评价结果应用于对课程教学的持续改进、学生学习情况的跟踪和评估，并作为毕业要求达成评价的基础，从而持续改进课程体系、课程目标等。所有的评价与改进均围绕并促进课程目标、毕业要求、培养目标的达成。

根据课程层面的总结性评价对课程教学活动存在的问题进行诊断与改进，可以从以下 3 个维度开展：当评价的样本为随机抽取的具有统计意义数量的学生时，可以用来评价某门课程各个教学目标的达成情况，所得的评价结果可用于对后续教学过程进行持续改进；当评价的样本为某个具体学生时，评价结果可以清晰地显示该学生每个课程目标的达成情况，可用来跟踪和评估该学生的学习表现，从而评价和判断学生个体的学业情况，并据此采取个性化的改进措施；可通过与上一轮课程目标达成评价数据的比对，分析验证针对上一轮评价所提出改进措施的执行效果，对仍然存在的问题进行及时有效的矫正。

阶段性总结评价和形成性评价均为过程中评价，搜集学生阶段性学习产出、学习状态、学习体验及对后续学习活动的意见及建议等信息，并进行及时的整理、分析、反馈与改进，以促进课程目标的最终达成。

第七章　解决复杂工程问题能力
培养相关的几个问题

　　世界范围内新一轮的科技革命和产业变革正在加速进行，以新技术、新业态、新产业、新模式为特点的新经济蓬勃发展，越来越复杂的现代工程实践需要跨领域、跨学科、跨文化的解决方案，这对工程师的包括专业技术能力、非技术能力和创新能力在内的解决复杂工程问题能力提出了更高的要求。

　　我国工程教育专业认证十余年的探索实践中，根据《华盛顿协议》毕业要求框架，确定了我国工程教育专业认证标准毕业要求，将解决复杂工程问题能力要求作为毕业生能力素质要求的核心。通过OBE教育理念的贯彻落实，倡导反向设计，将毕业要求包含的解决复杂工程问题能力的要求及培养任务，逐层传导到课程体系、具体课程的课程目标、教学内容中；通过正向实施，各门课程共同作用、相互加强，完成解决复杂工程问题能力的培养。基于 OBE 教育理念开展面向能力产出的课程体系、课程教学实施、课程考核评价的改革与调整，引导工程专业将解决复杂工程问题能力培养贯穿到人才培养全过程中。但工程教育认证通用标准中规定的解决复杂工程问题所需的相关能力和素养达成欠缺还普遍存在，毕业生解决复杂工程问题能力的具备情况与行业企业的期望尚有差距。分析这一问题的影响因素，主要包括相关能力要求在毕业要求中缺位或表述不准确、课程体系对解决复杂工程问题能力相关毕业要求有效支撑不足、课程教学实施对解决复杂工程问题能力培养的落实不到位、教师工程背景及工程实践能力对学生该能力的培养和达成保障不足等。究其原因本质，是工程专业对于"复杂工程问题"中"复杂"的含义及工程教育认证标准中解决复杂工程问题所需的相关能力和素养要求理解存在偏差，特别是对解决复杂工程问题能力相关的毕业要求，不少高校和专业存在着共性的理解误区和达成难点[24]。这导致该能力培养的顶层设计存在结构性的偏差或部分能力要素的缺失，进而影响课程体系、课程、课程教学实施对相关能力培养的支撑。所以，我们有必要对复杂工程问题特征的内涵、工程教育专业认证标准中解决复杂工程问题能力的培养要求进行梳理，并结合工程教育实践中存在的问题，探索解决思路和路径。

一、复杂工程问题内涵

（一）《华盛顿协议》关于复杂工程问题的界定

《华盛顿协议》聚焦学生解决复杂工程问题能力的培养，要求毕业生具备应用数学、自然科学和工程科学的基本原理，识别、表达、分析复杂工程问题的能力；具备设计满足特定需求的复杂工程问题解决方案能力，并能够适当考虑公共健康、安全、文化、社会、环境等因素；具备通过调查研究和实验设计与实施进行复杂工程问题研究的能力；等等。《华盛顿协议》《悉尼协议》和《都柏林协议》分别关注复杂工程问题的解决能力、广义工程问题的解决能力和狭义工程问题的解决能力；分别要求学生具备通过抽象的、富有创造性的分析以建立合适的模型来解决问题的能力，通过运用已被充分证明行之有效的分析技术来解决问题的能力，运用标准化的方法来解决问题的能力。以培养工程师为目标的本科教育须将学生具备解决复杂工程问题的能力作为培养要求[25]。可见，解决复杂工程问题能力是《华盛顿协议》毕业生能力素质要求的核心。

什么是复杂工程问题？《华盛顿协议》界定的复杂工程问题包括 7 个特征，WP1 为必备特征，WP2 ～ WP7 为选择性特征。所有的复杂工程问题均具备特征 WP1 及 WP2 ～ WP7 中一个或几个特征。《华盛顿协议》2021 版复杂工程问题定义对 2013 版部分特征的内涵进行了补充。从结构上讲，两者没有变化（见表 9）[2]。其中 WP1 中涉及的工程知识范畴 WK3、WK4、WK5、

WK6 或 WK8，来自《华盛顿协议》知识和态度框架（见表 10）[2]。我国工程教育认证标准中对复杂工程问题的界定是参照《华盛顿协议》相关内容确定的。2022 版标准解读中复杂工程问题的定义体现了《华盛顿协议》2021 版相关内容的修订变化，两者结构是一致的，部分特征内涵略有差异，符合实质等效的要求。

表 9 《华盛顿协议》复杂工程问题定义

2013 版	2021 版
WP1：如果没有一个或多个 WK3、WK4、WK5、WK6 或 WK8 的深入工程知识（允许采用基于基本原理的、第一性原理的分析方法）则无法解决。	WP1：如果没有一个或多个 WK3、WK4、WK5、WK6 或 WK8 的深入工程知识（允许采用基于基本原理的、第一性原理的分析方法）则无法解决。
WP2：涉及广泛的或相互冲突的技术、工程和其他问题。	WP2：涉及广泛的和 / 或相互冲突的技术、非技术问题（如伦理、可持续性、法律、政治、经济、社会），以及对未来需求的考虑。
WP3：没有明显的解决方案，需要抽象思维、原创性分析才能建立合适的模型。	WP3：没有明显的解决方案，需要抽象思维、创造性和原创性分析才能建立合适的模型。
WP4：很少遇到的问题。	WP4：很少遇到的问题或新兴问题。
WP5：解决的问题是专业工程标准和实践规范未包含的。	WP5：解决的问题是专业工程标准和实践规范未包含的。
WP6：涉及具有广泛不同需求的不同利益相关者群体。	WP6：涉及跨工程学科、其他领域和 / 或具有广泛不同需求的不同利益相关者群体的协作。
WP7：是高级问题，包括许多组成部分或子问题。	WP7：具有许多组成部分或子问题的高级问题，可能需要采用系统方法才能解决。

表 10 《华盛顿协议》知识和态度框架

2013 版	2021 版
WK1：对与本学科相关的自然科学有系统的、以理论为基础的理解。	WK1：对与本学科相关的自然科学有系统的、以理论为基础的理解，并对相应的社会科学有认识。
WK2：基于概念的数学、数值分析、统计学和计算机和信息科学的形式方面，以支持适用于本学科的分析和建模。	WK2：基于概念的数学、数值分析、数据分析、统计学以及计算机与信息科学的形式方面，以支持适用于该学科的详细分析和建模。
WK3：工程学科所需的系统的、理论的工程基础知识。	WK3：工程学科所需的系统的、理论的工程基础知识。
WK4：工程专业知识，为工程学科公认的实践领域提供理论框架和知识体系；许多是学科前沿的知识。	WK4：工程专业知识，为工程学科公认的实践领域提供理论框架和知识体系；许多是学科前沿的知识。

2013 版	2021 版
WK5：实践领域支持工程设计的知识。	WK5：实践领域支持工程设计和运行的知识，包括资源有效利用、环境影响、整个生命周期成本、资源再利用、净零碳等方面的知识。
WK6：工程学科实践领域的工程实践（技术）知识。	WK6：工程学科实践领域的工程实践（技术）知识。
WK7：理解工程的社会角色并确定本学科工程实践存在的问题；伦理和工程师对公共安全的职责；工程活动的影响：经济、社会、文化、环境和可持续性。	WK7：理解工程的社会角色并确定本学科工程实践存在的问题，如工程师对公共安全和可持续发展的职责。
WK8：掌握学科研究文献筛选的知识。	WK8：掌握学科研究文献筛选的知识，意识到批判性思维和创造性方法对评价新兴问题的重要性。
	WK9：伦理、包容性的行为举止。职业道德、职业责任和工程实践规范知识；意识到由于种族、性别、年龄、体能等因素需要多样性，需要相互理解和尊重，需要包容性态度。

（二）复杂工程问题的特征内涵分析

掌握复杂工程问题的特征内涵，是聚焦解决复杂工程问题能力培养，将该培养任务进行合理分解，并有效落实到人才培养各个环节的前提。以下对《华盛顿协议》复杂工程问题定义（2021 版）中的各项特征内涵进行逐条分析。

WP1 是复杂工程问题的核心特征，是所有复杂工程问题均具备的特征。即需要深度运用广泛而系统的工程基础知识、前沿工程专业知识、工程设计和运行知识、工程实践知识、学科研究文献筛选的知识等，强调知识范畴的广度和应用程度的深度。其中，《华盛顿协议》知识和态度框架（2021 版）对工程设计和运行知识、学科研究文献筛选的知识的内涵及要求进行了丰富。工程设计和运行知识包括资源有效利用、环境影响、整个生命周期成本、资源再利用、净零碳等方面的知识；学科研究文献筛选的知识，要求意识到批判性思维和创造性方法对评价新兴问题的重要性。

WP2 强调复杂工程问题系统内部因素的广泛性和冲突性。一方面其涉及多方面的因素，包括技术问题因素和非技术问题因素，解决问题时需要综合、系统地考虑和处理这些因素。另一方面其涉及的多方面因素之间存在冲突，不能使用现有的方法进行简单的设计和处理。《华盛顿协议》复杂工程问题的定义（2021 版）将"技术、工程和其他问题"调整为"技术、非技术问题"，强调了非技术问题在复杂工程问题解决中的重要影响，将非技术问题涉及的主要方面予以明确说明，同时强调了对需求进行动态性的、前瞻性的考量的必要性。

WP3 强调复杂工程问题的解决方案不能轻而易举地获得，需要在对问题进行界定、认识、分析的基础上，根据实际需要选择抽象模型、通过形式化处理用抽象模型表示问题（系统的状态和状态的变化规律）、构建抽象模型[26]。建立模型的过程需要运用抽象思维和原创性分析，建模的过程具有创造性，建造的模型具有创新性。《华盛顿协议》对复杂工程问题的定义（2021 版）在原有基础上增加了"创造性"的限定，体现了模型建立过程不能或不能完全遵循既有范式，需要富有创造性，富于创新性。

WP4 强调复杂工程问题的复杂性体现在问题是不常见的或新兴的，与已经面对和解决的问题具有明显的差异性，其解决方案需要对新出现的内部影响因素、外部影响因素及相互间存在的或可能存在的冲突进行系统性的分析和处理。《华盛顿协议》复杂工程问题定义（2021 版）在原有基础上增加了"新兴问题"的范畴，体现了在新技术革命及产业和社会变革中，复杂工程问题的复杂性在很大程度上表现为其系统结构、影响因素等方面与现有问题具有显著差异，部分因素是前所未有的。

WP5 强调复杂工程问题的解决方案不能在简单遵循现有的专业工程标准和实践规范的基础上形成，即不能在专业工程标准和实践规范中直接获得解决方案。这是由于复杂工程问题受到越来越复杂因素的影响和制约，除了技术范畴影响因素外，还可能涉及公共健康、安全、文化、社会、环境等因素，解决方案需要根据不同限定，合理处理各因素间的冲突，实现各影响因素间的相对平衡。这些均不能在专业工程标准和实践规范中寻求直接的解决方案。

WP6 强调复杂工程问题不能仅靠单一学科的知识、方法和手段获得解决方案，其复杂性要求不同工程学科、不同学科领域，通过有效的团队协作以获得解决方案。复杂工程问题的复杂性还体现在其涉及具有广泛不同需求的不同利益相关者群体。《华盛顿协议》复杂工程问题定义（2021 版）在原有基础上突出强调"跨工程学科、其他领域"和"协作",体现了复杂工程问题影响因素的跨界性、交叉性、综合性和复杂性,以及在多学科背景下开展团队合作对解决复杂工程问题的重要性。

WP7 强调复杂工程问题是由许多组成部分或子问题组成的多层次、多因素问题。系统内各组成部分或子问题之间相互关联、作用、制约或冲突,需要采用系统方法在梳理、分析、处理其相关关系的基础上,提出问题解决方案。《华盛顿协议》复杂工程问题定义(2021 版)在原有基础上突出强调了"系统方法",体现了系统方法对于解决系统构成呈现多样性、系统内部和外部影响因素呈现复杂性的工程问题的重要性。

二、工程教育专业认证标准中的复杂工程问题

我国工程教育专业认证标准与国际标准紧密接轨,将解决复杂工程问题能力培养作为核心任务。在毕业要求、课程体系等标准内容中,特别是《工程教育认证通用标准解读及使用指南》(2022 版)对毕业要求、课程体系的解释中,对复杂工程问题能力要求及课程对相关能力的支撑要求等方面进行了明确说明。

(一)"毕业要求"中的复杂工程问题

我国标准毕业要求聚焦复杂工程问题解决能力的产出层次是明确的。其中,工程知识、问题分析、设计 / 开发解决方案、研究、使用现代工具、工程与社会、环境和可持续发展、沟通等 8 项毕业要求,均聚焦解决复杂工程问题能力要求;职业规范、个人与团队、项目管理、终身学习,字面虽未提及"复杂工程问题",其内涵均聚焦解决复杂工程问题能力所必需的非技术能力及相关工程意识与素养(见表 11)。2022 版标准解读进一步强调以工程师为主要目标的本科层次人才培养应将解决问题的范畴定位在"复杂工程问题",毕业要求应聚焦解决复杂工程问题能力要求。

表 11　我国工程教育认证标准毕业要求中解决复杂工程问题能力相关要求

毕业要求	属性与要求
能够将数学、自然科学、工程基础和专业知识用于解决复杂工程问题。	针对复杂工程问题的工程知识应用。
能够应用数学、自然科学和工程科学的基本原理，识别、表达并通过文献研究分析复杂工程问题，以获得有效结论。	针对复杂工程问题的识别、表达及文献研究。
能够设计针对复杂工程问题的解决方案，设计满足特定需求的系统、单元（部件）或工艺流程，并能够在设计环节中体现创新意识，考虑社会、健康、安全、法律、文化以及环境等因素。	针对复杂工程问题解决方案的设计 / 开发。
能够基于科学原理并采用科学方法对复杂工程问题进行研究，包括设计实验、分析与解释数据，并通过信息综合得到合理有效的结论。	针对复杂工程问题的研究。
能够针对复杂工程问题，开发、选择与使用恰当的技术、资源、现代工程工具和信息技术工具，包括对复杂工程问题的预测与模拟，并能够理解其局限性。	针对复杂工程问题的技术、资源、现代工程工具和信息技术的开发、选择与使用。
能够基于工程相关背景知识进行合理分析，评价专业工程实践和复杂工程问题解决方案对社会、健康、安全、法律以及文化的影响，并理解应承担的责任。	针对复杂工程问题对工程与社会影响的评价及责任承担理解。
能够理解和评价针对复杂工程问题的工程实践对环境、社会可持续发展的影响。	针对复杂工程问题对环境和可持续发展影响的评价能力。
具有人文社会科学素养、社会责任感，能够在工程实践中理解并遵守工程职业道德和规范，履行责任。	解决复杂工程问题所需的工程职业道德和规范。
能够在多学科背景下的团队中承担个体、团队成员以及负责人的角色。	解决复杂工程问题所需的团队协作能力。
能够就复杂工程问题与业界同行及社会公众进行有效沟通和交流，包括撰写报告和设计文稿、陈述发言、清晰表达或回应指令。并具备一定的国际视野，能够在跨文化背景下进行沟通和交流。	针对复杂工程问题的沟通能力。
理解并掌握工程管理原理与经济决策方法，并能在多学科环境中应用。	解决复杂工程问题所需的项目管理能力。
具有自主学习和终身学习的意识，有不断学习和适应发展的能力。	解决复杂工程问题所需的自主学习和终身学习能力。

　　以下从解决复杂工程问题能力的视角，对我国标准毕业要求的内涵进行逐项分析。

1. 工程知识

　　该项毕业要求聚焦针对复杂工程问题的工程知识应用能力，而不是停留在掌握工程知识的层面。"掌握"是"应用"的前提和基础，但针对复杂工程问题的解决，仅掌握工程知识是远远不够的，需要具备在具体的环境和背景下应用工程知识的能力。"应用"的能力范畴包括将数学、自然科学、计算、工程基础和专业知识（包含专业领域相关的社会科学知识），应用于复杂工程问题的表述、分析、建模、求解、推演及解决方案的比较与综合。"应用"是对能力结构的层次限定，结合复杂工程问题的核心特征，对工程知识的应用能力需要达到"深入"的程度限定。

2.问题分析

该项毕业要求聚焦针对复杂工程问题的识别、表达及文献研究等问题的分析能力。分析的过程中需要综合应用数学、自然科学和工程科学的基本原理，识别和判断复杂工程问题的关键环节，需要对复杂工程问题的内部结构及外部影响因素及其关系进行准确识别和清晰表达，需要对涉及的相关问题进行文献研究及开展相关调查研究工作，从可持续发展的角度分析工程活动过程的影响因素，最终获得有效结论。

3.设计/开发解决方案

该项毕业要求聚焦针对复杂工程问题解决方案的设计/开发能力，该项能力是解决复杂工程问题的核心能力。需要掌握工程设计和产品开发全周期、全流程的设计/开发能力；设计/开发需要满足特定需求；需要考虑公共健康与安全、节能减排与环境保护、法律与伦理，以及社会与文化等因素；需要体现创新意识。该项毕业要求的内涵体现了针对复杂工程问题具备的内部结构系统性、外部影响因素复杂性、问题的不常见性及超越现有工程标准和规范等特征，设计/开发解决方案能力需要达到的层次和程度要求。

4.研究

该项毕业要求聚焦针对复杂工程问题的研究能力。研究的开展需要基于科学原理，通过文献研究等方法，调研分析复杂工程问题的解决方案；采用科学方法包括设计实验、开展实验，分析与解释数据，并通过信息综合得到合理有效的结论。研究过程中能意识到批判性思维和创造性方法对评价新问题的重要性。因复杂工程问题的独特性，相关研究实验需要针对性的设计，没有现成的实验方案可以套用；因其复杂性，相关信息需要经过分析与解释、归纳与集成，以获得合理有效的结论。

5. 使用现代工具

该项毕业要求聚焦针对复杂工程问题的技术、资源、现代工程工具和信息技术工具（包括预测和建模）的开发、选择与使用能力。针对复杂工程问题内部要素和外部影响因素的日趋广泛和复杂的趋势，如何选择技术、资源、现代工程工具和信息技术工具，涉及对复杂工程问题本身、外部制约因素、相关利益群体诉求、经济成本及效益等多方面因素的考量，所以要求做到"恰当"选择，寻求各种影响因素下的最优化。在现有工具等资源不能满足上述要求时，需要通过组合、选配、改进、二次开发等方式创造性地使用现代工具进行模拟和预测，满足特定需求。此外，需要对工具等资源的局限性有合理的预期和研判能力。

6. 工程与社会

该项毕业要求聚焦针对复杂工程问题对工程与社会影响的评价及责任承担的理解。工程活动是社会活动的组成部分，社会是工程活动的背景、生态和福祉所在。工程与社会、健康、安全、法律及文化等因素，具有固有的、不可分割的、交互影响的关系。复杂工程问题的解决方案需要基于工程相关背景知识，包括相关领域的技术标准体系、知识产权、产业政策和法律法规等，对上述因素进行合理分析，以寻求不同要素间的动态平衡。同时需要理解方案可能带来的影响及需要承担的责任。

7. 环境和可持续发展

该项毕业要求聚焦针对复杂工程问题对环境和可持续发展影响的评价能力。该项毕业要求再次强调了复杂工程问题不是纯粹的技术问题，其复杂性不单纯指向技术的复杂性，更多的是要素和要素间关系的复杂性。这其中环境和可持续发展是任何工程活动都不能够回避的要素和潜在要求。这就需要知晓和理解环境保护和可持续发展的理念和内涵，包括联合国可持续发展目标 SDG17，预先及实时对工程实践可能对环境、社会可持续发展造成的影响进行有效评价，以保证解决方案的相对优化或对方案的相关内容进行动态调整，保证方案实施及其社会环境效益等长远目标的实现。

8. 职业规范

该项毕业要求聚焦解决复杂工程问题所需的对工程职业道德及规范的遵

守、对工程伦理的恪守及对相关国家和国际通行法律法规的尊重。任何工程团体人员在工程实践中均需理解并遵守上述规范及法律要求，并履行相应责任。复杂工程问题因其影响因素的复杂性，通常涉及社会、健康、安全、法律、文化、工程伦理、环境及可持续发展等影响或制约因素。这要求工程专业毕业生尤其需要理解工程师对公众健康和安全、环境及可持续发展的社会责任，并能够在工程实践中自觉履行相关责任。

9. 个人与团队

该项毕业要求聚焦解决复杂工程问题能力所需的团队协作能力。复杂工程问题是不常见的问题或新兴问题，其解决方案涉及跨工程学科、跨领域的具有广泛不同需求的不同利益相关者群体的协作。多学科领域的团队合作成为解决复杂工程问题的常态，要求成员间的分工协作、优势互补、目标一致[27]。因此，该项毕业要求强调"多学科背景下"的团队协作能力，要求不同学科成员能够在多样性、多形式（面对面、远程互动）的团队中与其他团队成员进行有效的、包容性的沟通与合作，能够在团队中独立或合作开展工作。

10. 沟通

该项毕业要求聚焦针对复杂工程问题的沟通能力。沟通内容是复杂工程问题的要素及关系、复杂工程问题解决方案设计、复杂工程问题解决方案实施等与该问题相关的内容；沟通对象包括工业界同行、社会公众；沟通的途径包括撰写报告和设计文稿、陈述发言、清晰表达或回应指令等；沟通的要求是有效沟通，能够理解与业界同行和社会公众交流的差异性，理解和尊重世界不同语言，并具有在跨文化背景下进行有效沟通的能力。有效沟通的实现需要在对沟通内容具有充分认识和理解的基础上，根据具体的沟通对象选择恰当的沟通方法和途径，涉及跨文化背景的沟通需要具有相应的国际视野。

11. 项目管理

该项毕业要求聚焦解决复杂工程问题所需的项目管理能力。工程实践中，工程项目或产品设计和实施的全周期和全流程涉及的环节、任务、影响或制约因素、可供调配资源等方面的要求，及涉及的成本分析与决策的要求日益复杂。这要求工程专业毕业生掌握工程项目中涉及的工程管理原理与经济决策方法，了解工程及产品的全周期、全流程的成本构成，理解其中涉及的工程管理与经济决策问题，并能够在多学科环境下运用上述工程管理与经济决策方法。

12.终身学习

该项毕业要求聚焦解决复杂工程问题所需的自主学习和终身学习能力。以新技术、新业态、新产业、新模式为特点的新经济蓬勃发展，学科专业之间的交叉融合成为社会技术进步的新趋势，复杂工程问题的不常见性、跨学科性及新兴问题的不断产生成为常态。解决复杂工程问题所需应用的知识包括不断更新的前沿工程知识，解决复杂工程问题所需使用的系统方法也需不断更新。工程专业毕业生需在最广泛的技术变革背景下，认识到自主和终身学习的必要性，树立不断学习的意识，具备终身学习的思维和行动能力，并能接受和应对新技术、新事物和新问题带来的挑战。

（二）"课程体系"中的复杂工程问题

毕业要求中解决复杂工程问题能力要求需要通过课程体系的有效支撑、课程目标的合理确定、教学内容及策略的选择与组织，将该项能力的培养任务传导到课程体系和具体的课程中。解决复杂工程问题能力的培养不是某一门或某几门课程的任务，设置专门的以解决复杂工程问题能力培养为目标的课程也是不切实际的。从复杂工程问题的特征内涵我们可以清晰地了解，复杂工程问题涉及对工程基础知识、前沿工程专业知识、工程设计和运行知识、工程实践知识、学科研究文献筛选的知识的综合与应用；涉及广泛的存在冲突的因素及因素间的平衡；是多个子系统构成的综合问题，其解决方案可能涉及多个学科的团队协作。复杂工程问题的特征决定了支撑其相关能力要求培养的课程体系是需要经过系统分析与设计的。课程群的架构、课程模块的设计、课程的选择、课程先后修关系的确定等，均需要在综合考虑复杂工程问题的特征、解决复杂工程问题能力形成规律及过程的基础上予以确定。

《工程教育认证标准》（2018版）《工程教育认证通用标准解读及使用指南》（2020版）及《工程教育认证通用标准解读及使用指南》（2022版）在课程体系部分，对解决复杂工程问题能力培养在课程层面的部署和落实，包括复杂工程问题相关毕业要求需要课程体系的有效支撑、课程需要有效落实其对复杂工程问题相关毕业要求的支撑等进行了要求和说明。

1. 课程设置需要支撑毕业要求达成

标准毕业要求中 8 项内容直接体现了复杂工程问题及解决复杂工程问题能力要求，其他 4 项内容也均聚焦解决复杂工程问题所必需的非技术能力及相关工程意识与素养。解决复杂工程问题能力要求是标准毕业要求的核心。标准要求"课程设置能支撑毕业要求达成"，即要求课程设置能支撑以解决复杂工程问题能力为核心的毕业要求能力的最终达成。2022 版标准解读对此进行了明确的解释："通用标准的 12 项毕业要求中特别强调培养学生解决复杂工程问题的能力，而课程支持与否是该能力培养是否真正落实的重要判据，因此在课程体系设计时应考虑各类课程在培养学生解决复杂工程问题能力中发挥的作用，支持毕业要求的所有课程都应该将解决复杂工程问题的能力培养作为教学的主要目标之一，各类课程应"各司其职"，共同支撑该能力的达成"；"工程基础课和专业基础课应加强识别、表达和分析复杂工程问题能力的培养，专业核心课应加强分析 / 设计 / 研究能力的培养，综合性实践课应体现综合运用知识解决实际复杂工程问题的能力培养"。

2. 课程体系设计需要有行业企业专家参与

真实的复杂工程问题来源于工程实践，解决复杂工程问题能力最终应用于工程实践，其培养过程也离不开真实的工程实践环境。解决复杂工程问题能力培养的过程需要行业企业专家的深度参与。包括培养目标合理性评价及基于此的培养目标修订、课程体系合理性评价及基于此的课程体系修订、相关教学环节的讲授与指导及考核环节的评价等。其中，行业企业专家参与课程体系设计是课程体系能够有效支撑解决复杂工程问题能力培养的重要保障。行业企业专家对工程实践中的复杂工程问题及其解决能力的要素要求有着最直接的认识和相对准确的理解，特别是对行业未来发展所要求具备的相关能力也有着相对合理的预判，同时对现阶段毕业生解决复杂工程问题能力存在的欠缺也有着相对全面的评估。所以，行业企业专家参与课程体系设计，一方面有利于保障课程体系设置对解决复杂工程问题能力达成的支撑有效性；另一方面有利于课程内容及时更新，与行业实际发展相适应；同时也有利于针对毕业生能力存在的短板，对课程体系进行及时的调整和优化。工程教育实践中，行业企业专家在该项工作中参与不足、参与过程没有机制保障是普遍存在的问题。充分认识行业企业专家参与课程体系设置的重要意义，并通过机制文件对其参与的范围、程度、频度等进行规范和保障是解决该问题的有效途径。

3. 各类课程学分需要达到相应的比例要求，并能有效承担其所支撑的毕业要求相关能力的培养任务

认证标准对各类课程学分需要达到相应的比例要求进行了限定，包括数学与自然科学类课程学分至少占总学分的 15% ；工程基础类课程、专业基础类课程与专业类课程学分至少占总学分的 30% ；工程实践与毕业设计（论文）学分至少占总学分的 20% ；人文社会科学类通识教育课程至少占总学分的 15%。这是对课程体系合理性提出的结构上的要求。但满足该比例要求仅是课程体系合理的充分条件，其必要条件是各类课程能有效承担其所支撑的毕业要求相关能力的培养任务。数学与自然科学类课程设置应聚焦培养学生掌握用于对复杂工程问题的识别、表达、建模和求解的相关知识；工程基础类和专业基础类课程设置应聚焦培养学生运用数学、自然科学和工程科学原理，分析、研究专业复杂工程问题的能力；专业类课程设置应聚焦培养系统设计和有效实现复杂工程问题解决方案的能力；工程实践与毕业设计（论文）类课程设计应聚焦培养综合运用所学知识，开展复杂工程问题解决方案的设计、实施及结合具体情况动态调整和优化解决方案的能力，并在相应教学环节的组织中强化培养学生的创新能力、工程意识、协作精神、沟通能力；人文社会科学类通识教育课程设置聚焦培养学生工程实践所需的非技术性综合能力，使学生能够理解、掌握和运用与工程实践相关的人文社科类知识，职业伦理、社会责任和工程实践规范的知识，以及工程经济、环境及法律方面的知识，在具体的工程实践中能够考虑相关方面的影响制约因素。

2022 版标准解读进一步明确了各类课程与所需知识体系的关联，进一步强调数学类课程知识及应用与专业所属学科的关联性；专业基础类课程需涵盖本学科前沿知识；专业类课程需涵盖有效利用资源、环境影响、整个生命

周期成本、资源再利用、净零碳和类似概念的知识，以及批判性思维和创造性思维的方法论；工程实践及毕业设计（论文）类课程应关注本学科工程实践和复杂工程问题中的工程意识；人文社会科学类课程对职业伦理、工程实践规范知识的覆盖要求等。

三、解决复杂工程问题能力培养

解决复杂工程问题能力是《华盛顿协议》毕业要求框架的核心要求。培养具有解决复杂工程问题能力的毕业生是本科工程教育质量实现国际实质等效的必然要求，也是每一个工程专业人才培养的核心任务。该任务具有全局性、系统性和复杂性，不是一个阶段、一门课程能够独立完成的，也不是对现有课程及教学内容进行简单筛选和重组就能够实现的。工程专业需要将该培养任务贯穿人才培养全过程。以下结合工程教育实践中，解决复杂工程问题能力培养的目标设计，针对解决复杂工程问题能力培养的课程体系设置、教学设计与实施及师资队伍建设中存在的问题，说明解决复杂工程问题能力培养过程中存在的误区、堵点，并分析其解决思路和途径。

（一）解决复杂工程问题能力培养的目标设计

根据成果导向教育理念，教育目标聚焦学生学习效果，关注学生通过学习所获得的各方面能力的增值情况。根据教育目标确定教学过程，根据学习效果评价教育目标达成情况。专业培养目标是根据工程教育内外部需求确定的毕业生通过5年左右工程实践所能达到的职业和专业成就，该成就是围绕工程师职业能力和职业发展能力设定的。解决复杂工程问题能力作为工程师的核心职业能力，该能力的具备是专业培养目标达成的基础。工程专业学生毕业时应具备的解决复杂工程问题能力要求，应全面、准确体现在专业毕业要求中。通过毕业要求对课程体系设置、课程目标与教学内容确定、教学设计与实施等人才培养环节实现"制导"作用。通过相关课程目标达成情况及基于此的毕业要求达成情况，确定解决复杂工程问题能力培养的目标实现情况。

解决复杂工程问题能力要求在毕业要求中的体现情况，是该能力培养的顶层设计，其准确性与适切性，影响后续培养任务的合理分解和有效落实；其实现情况也直接影响专业毕业要求对标准毕业要求的覆盖情况。从复杂工程问题能力要求的视角看，目前专业毕业要求存在问题的根源，在于对复杂工程问题特征及能力要求内涵的准确把握上，以下从问题比较集中的几个方面予以说明。

针对复杂工程问题的工程知识应用能力，相关毕业要求易出现的问题是能力培养层次错位。根据复杂工程问题特征 WP1，如果没有一个或多个 WK3、WK4、WK5、WK6 或 WK8 的深入工程知识（允许采用基于基本原理的、第一性原理的分析方法）则无法解决。说明复杂工程问题必备特征是需要深度"运用"广泛而系统的工程基础知识、前沿工程专业知识、工程设计和运行知识、工程实践知识、学科研究文献筛选的知识等。该特征决定解决复杂工程问题的能力要求首先聚焦对广泛的、系统的工程知识的应用，而且是深度的应用。所以，"工程知识"相关毕业要求（包括观测点）的表述及对该毕业要求进行支撑的课程设置中，均应将能力培养层次聚焦到"应用"上，而不能停留在对相关知识的"掌握"层面。

针对复杂工程问题解决方案的设计开发能力，相关毕业要求易出现的问题是复杂工程问题背景要求和能力要求范畴部分缺失。根据复杂工程问题特征 WP2、WP3、WP4、WP5 等，复杂工程问题存在广泛的相互冲突的技术影响因素和非技术影响因素；复杂工程问题没有现成的解决方案；复杂工程问题是不常见的，是超越现有工程标准和规范的。"设计/开发"解决方案的能力要求应聚焦工程实践中真实的复杂工程问题或能够全面体现其特征的模拟复杂工程问题，该问题涉及系统性的内部结构、复杂性的外部影响因素。能力要求范畴需要覆盖工程设计和产品全周期、全流程的设计与开发；需要满足特定需求；需要考虑公共健康与安全、节能减排与环境保护、法律与伦理，以及社会与文化等因素；需要考量针对解决方案可能存在的未来需求；需要体现创新意识。

针对复杂工程问题的技术、资源、现代工程工具和信息技术工具（包括预测和建模）的开发、选择与使用能力，相关毕业要求易出现的问题是仅关注现代工程工具和信息技术工具，忽略了技术与资源；仅强调"选择"与

"使用"，忽略了"开发"的能力要求。根据复杂工程问题特征 WP2、WP6 等，复杂工程问题涉及广泛复杂的内外部制约因素，涉及广泛的具有不同诉求的相关利益群体，涉及日益复杂的经济成本、环境成本等需求考量。"现代工具"相关能力要求应聚焦针对复杂工程问题解决的技术、资源、现代工程工具，以及信息技术工具的恰当选择、合理使用和有效开发。"现代工具"是广义范畴的概念，现代工具的"使用"也是广义范畴的概念，包括选择、使用和开发。针对日益复杂的内外部因素、利益群体诉求及相关成本要求，对现代工具"开发"能力的要求渐趋紧迫，需要能够针对具体的工程问题对象，通过组合、选配、改进、二次开发等方式创造性地使用现代工具进行模拟和预测，以满足特定需求。同时，该能力要求应包括对上述工具资源局限性的理解，以及利用这些工具资源对复杂工程问题解决方案预测与模拟结果的局限性的合理预判。

针对复杂工程问题所需的非技术能力，相关毕业要求易出现的问题是能力培养层次错位及解决问题制约因素的狭义化。根据复杂工程问题特征 WP2 ～ WP7，其复杂性除涉及工程知识的广泛掌握和深入应用外，更多地体现在非技术因素的复杂性、动态性、不平衡性。这对解决复杂工程问题能力提出了专业技术能力之外的非技术能力及工程意识与素养的综合要求。"工程与社会""环境和可持续发展"的相关能力要求应聚焦"评价"复杂工程问题解决方案对社会、环境和可持续发展的影响，并理解应承担的责任。"评价"的能力层次不同于解释论证、分析辨别，而是在对相关影响因素和可能的结果进行比较论证、选择辨别、分析整合基础上作出的判断和正确决定。"个人与团队""项目管理"的相关能力要求需要置于"多学科背景"和"多学科环境"的背景条件中，以应对复杂工程问题越来越多的跨工程学科的新现象和特征新带来的挑战。"多学科背景"和"多学科环境"均是与特定复杂工程问题结构和内外部因素相关的，与特定问题不相关的"多学科背景"和"多学科环境"并不能满足相关能力培养的要求。

（二）针对解决复杂工程问题能力培养的课程体系设置

课程体系是解决复杂工程问题能力培养的核心载体，其设置情况是相关能力培养任务能否有效落实到执行层面的关键。针对解决复杂工程问题能力培养的课程体系设置是人才培养活动中具有复杂性、系统性、综合性的关键工作。在目前的工程教育实践中，课程体系对解决复杂工程问题能力培养的有效支撑不足，主要表现在：（1）数学与自然科学类课程承担的支撑任务不合理，导致相关能力培养未得到合适课程的有效支撑。如部分专业不切实际地要求数学与自然科学类课程承担专业能力的培养任务。这些基础学科知识很重要，可以用于专业问题的表述、建模、求解，但不代表掌握这些知识就能将其用于解决特定专业领域的问题。（2）通识教育课程与工程学科关联不足，导致该类课程对复杂工程问题相关毕业要求的有效支撑不足。（3）部分专业针对解决复杂工程问题的技术能力相关毕业要求的课程支撑密集重叠。如部分技术能力毕业要求的支撑课程多达十几门，每门支撑课程的课程目标也较多，造成支撑关系交错复杂。（4）部分专业针对解决复杂工程问题的非技术能力相关毕业要求的课程支撑不足。如针对工程与社会、环境与可持续发展、个人与团队、沟通、项目管理、终身学习等毕业要求的支撑课程较少，支撑效果不佳。部分专业仅使用形势与政策课程支撑"工程与社会"和"环境与可持续发展"要求，仅使用体育课程支撑"个人与团队"的要求，仅使用外语课程支撑"沟通"的要求，仅使用专业导论课程支撑"终身学习"的要求等。此外，课程体系设置同质化严重，专业特色不明显的问题也较为普遍。不同学校相同专业的课程体系设置没有本质区别，同一学科不同专业的课程体系设置差别也不大。

以下从针对解决复杂工程问题能力培养的课程体系设置原则、课程体系结构要求及课程体系特征等方面进行分析，以期为上述问题的解决提供帮助。

1. 针对解决复杂工程问题能力培养的课程体系设置原则

课程体系设置的核心原则是有效支撑。工程专业需要以支撑解决复杂工程问题能力或能力要素培养为根本要求，进行课程群架构、课程模块设计、课程选择；根据相关能力形成过程和规律进行课程先后顺序的设定；根据课程在该相关能力培养体系中的定位和角色确定课程学时和学分等。课程体系需要适应国家经济社会发展、工程实践发展及相关领域未来发展的需要。课程体系设置需有行业企业专家的参与，以保证课程能够有效支撑工程实践及发展所需的解决复杂工程问题能力的培养任务。工程专业需建立机制，定期对课程体系的合理性进行评价，同时根据培养目标达成评价及毕业要求达成评价的信息反馈，及时进行课程体系的持续改进，保证课程体系对解决复杂工程问题能力培养支撑的持续有效。此外，课程体系设置中需要引起重视的是突出专业特色原则。工程专业根据工程教育内外部需求设定培养目标，通过毕业要求明确学生毕业时应当具备的、体现专业特色的、包括解决复杂工程问题能力在内的能力和素养要求。课程体系需要对毕业要求进行支撑，支撑各项能力的培养任务，这包括了支撑体现专业特色的能力和素养要求。课程体系是体现并实现专业人才培养特色的中枢，通过其将具有专业特色的能力和素养培养要求传导到各项人才培养活动中。

2. 针对解决复杂工程问题能力培养的课程体系结构要求

从解决复杂工程问题能力培养的视角分析，课程体系结构各组成部分、各部分之间关系及各部分所发挥的合力均应聚焦该能力的培养。

复杂工程问题涉及广泛的相互冲突的技术领域问题和非技术领域问题；涉及跨工程学科及其他领域的、具有广泛不同需求的、不同利益相关者群体的协作。这些特征要求通识教育课程重点培养学生的人文素养、社会责任感、职业伦理素养、团队协作能力、沟通交流能力及国际视野等，并使学生具备运用与工程实践相关的经济决策、项目管理、环境、法律及伦理相关知识的能力。通识教育课程可以包括人文素养模块、语言沟通模块、经济管理模块、法律伦理模块等。通识教育课程具有鲜明的跨学科性，培养学生具备工程实践发展所需的非技术综合能力、工程意识及素养，同时为学生专业能力和素养的培养奠定基础。因此，通识教育课程以相关工程学科为背景，设定课程目标、选定教学内容、设计教学策略，是实现学生能够在具体的工程实践中应用相关知识的重要保障。通识教育与专业教育需有机渗透，既注重培养批判性思维、跨学科和系统思维等，又强调培养学生团队合作精神、家国情怀等人文修养[28]。

复杂工程问题是具有许多组成部分或子问题的高级问题，没有明显的解决方案，需要深入运用工程基础知识、工程专业知识、工程设计和运行知识、工程实践知识及学科研究文献筛选的知识，通过抽象思维及创造性和原创性分析建立合适的模型，并采用系统方法才能解决。同时，复杂工程问题通常是很少遇到的问题或新兴问题，是专业工程标准和实践规范未包含的。这些特征和能力要求，需要大类平台系列课程从工程实践发展及产业和经济社会发展的角度，为学生长远发展提供宽厚扎实的学科和专业基础。其包含的数学与自然科学课程群、学科基础课程群、专业基础课程群，重点培养学生数字化思维、团队合作意识、创新意识、现代工程意识、批判性思维、跨学科和系统思维能力等[29]，着力提升学生运用数学、自然科学和工程科学原理分析和研究专业复杂工程问题的能力。专业教育系列课程中专业核心课程群和专业拓展课程群重点培养学生系统设计和有效实现复杂工程问题解决方案的综合能力，以及非结构化解决问题的能力、多学科团队协作能力、研究和开发能力、创新能力等[29]。

3. 针对解决复杂工程问题能力培养的课程体系特征

复杂工程问题的特征及能力要求，需要对其形成有效支撑的课程体系具有跨学科性、综合性、高阶性、创新性和挑战性。跨学科性要求课程体系能够为解决具有跨学科性的技术问题、具有跨界性的非技术问题的能力培养提供支撑。综合性要求课程体系能够体现学科专业领域核心知识的历史传承与发展要求。高阶性要求课程体系能够支撑专业知识、能力、素养有机融合的培养要求，能够支撑解决复杂工程问题的综合能力和高阶思维的培养目标。创新性要求课程能够反映专业知识领域的前沿性和时代性，课程教学形式体现先进性和互动性，课程学习结果具有探究性和个性化。挑战性要求增加课程难度，拓展课程深度，提升课程学习挑战度。

综上，遵循课程体系设置的核心原则，根据课程体系各组成部分在解决复杂工程问题能力培养中的核心任务及课程体系应具备的特征，进行课程体系设置或课程体系调整，是能够实现课程体系对解决复杂工程问题能力培养的有效支撑的。工程教育实践中，需要从解决复杂工程问题能力培养的视角，突破现有课程体系框架约束，选择能够有效支撑相关能力培养的课程，或者对现有课程对特定能力培养支撑的有效性进行全面论证，确定其是否能够实现有效支撑。对能够实现支撑的课程进行系统梳理，根据能力形成规律及课程之间关系，确定课程的先后修关系，设计课程群及课程模块。也就是说，从解决复杂工程问题能力相关毕业要求是否均有合适课程支撑、课程是否都支撑了合适的毕业要求、课程的组合与进程是否合理等维度对课程体系进行改革和优化。

（三）针对解决复杂工程问题能力培养的教学设计与实施

课程是落实解决复杂工程问题能力培养的基本单元，也是工程教育实践中存在问题较多且急需解决的方面。问题主要表现在课程目标未体现复杂工程问题能力要求；教学内容与工程实践脱节，解决复杂工程问题能力得不到有效培养；教学策略单一，未从有利于解决复杂工程问题能力培养的角度与教学内容进行协同设计；考核方案未针对课程目标、教学内容进行设计，不能对相关能力的达成情况进行准确判断等。解决这些问题的关键是将学生解决复杂工程问题能力的培养要求贯穿教学全过程。课程目标体现解决复杂工程问题能力要求，教学内容体现对该能力要求的支撑，教学策略有利于该能力要求的达成，考核方案能够实现对该能力达成情况的准确判断。课程如何落实其对解决复杂工程问题能力相关毕业要求的支撑，需要在课程教学大纲中予以明确和细化，包括课程目标对毕业要求的支撑、课程教学内容与课程目标的对应关系、课程教学策略与课程教学内容的协同设计及课程考核方案等。

具体到一门课程，解决复杂工程问题能力培养任务通过课程体系传导到课程。专业和教师要提出、考核且评价聚焦解决复杂工程问题能力的课程目标。课程需要将其对解决复杂工程问题能力相关毕业要求的支撑任务具体化，形成面向产出的课程目标，实现课程目标对毕业要求的有效支撑。在这个过程中，解决复杂工程问题能力要求在课程目标中的合理体现是关键。课程目标的核心是相关能力要求获得情况的表述，是学生通过课程学习所能获得的知识掌握基础上的能力的提升情况。需要对课程在解决复杂工程问题能力培养中的角色和作用具有清晰认识，如课程具体培养复杂工程问题界定、识别、表达、分析、研究、设计、实施中的哪些能力，是在掌握哪些知识的基础上培养和实现这些能力的。同时还需综合考虑该课程与其他课程的开课顺序及相关知识和能力培养的衔接要求等，在形成全局性判断的基础上，确定能够支撑解决复杂工程问题能力要求的课程目标。

解决复杂工程问题能力培养任务继续向课程内容和教学策略传导。课程内容需要支撑课程目标，教学策略需要有利于课程目标的达成。课程内容不能停留在对教材内容的筛选层面，而是根据课程目标中包含的解决复杂工程问题能力的要求，对教学内容进行改革和优化。突出课程教学内容与工程学科的关联，凸显课程教学内容与解决复杂工程问题能力的要求的关系，强调相关知识在解决实际问题中的应用。数学和自然科学类课程内容应强化工程学科的背景目标，增强将相关知识用于复杂工程问题的界定、识别与表达能力的培养；工程基础类课程和专业基础类课程的教学内容应结合专业领域工程实际选择或设计的复杂工程问题，加强运用数学和自然科学分析、研究复杂工程问题能力的培养；专业类课程应结合专业领域工程实际选择或设计的复杂工程问题，强化对系统的分析、设计、研究能力和确定复杂工程问题解决方案的能力培养；综合性实践类课程教学内容应在真实或模拟的工程实践环境下，通过具有综合性、系统性和挑战性的实践任务，培养学生综合运用知识解决实际问题的能力，强化学生对复杂工程问题解决方案的设计和实施能力，包括对技术问题与非技术问题中广泛存在的冲突的处理能力。同时，教学策略也要服务于课程目标和教学内容，与教学内容进行协同设计。

课程考核方案需要能够对解决复杂工程问题能力要求的达成情况进行准确判断，以基于评价情况开展及时的持续改进。考核方式和内容需要聚焦课程目标和教学内容中解决复杂工程问题能力要求的内涵和表现形式；考核标准能够体现相关能力要求达成的程度区别，及格标准能够准确体现相关能力的掌握情况。针对解决复杂工程问题的非技术能力的考核评价，需要综合考虑能力目标的内容、表现形式、达成程度区分及如何判断是否达成等因素。

（四）针对解决复杂工程问题能力培养的师资队伍建设

教师的工程背景和工程实践经验，以及基于此的分析、解决复杂工程问题的能力是学生解决复杂工程问题能力培养的重要保障。教师对毕业要求中专业领域解决复杂工程问题能力要求的准确理解，与相关能力培养紧密结合的教学内容和有利于相关能力要求达成的教学策略的确定，符合教学需要的真实复杂工程问题可选择资源的合理选择，复杂工程问题的模拟设计与分析的适切把控，复杂工程问题解决方案设计与实施情况的有效指导与准确评价等，均需要有专业领域的工程背景和工程实践经验作为支撑。特别是在工程性较强的教学环节，如涉及复杂工程问题解决方案设计及开发能力培养相关的教学环节，对教师的工程实践能力、研究能力及创新能力均有较高要求。此外，随着世界范围内新一轮科技革命和产业变革加速进行，各工程实践领域新兴的复杂工程问题不断涌现，复杂工程问题的复杂性在很大程度上表现为其系统结构、影响因素等方面与现有问题具有显著差异，部分因素是前所未见的。针对解决复杂工程问题能力的培养方案设计需要面向未来，适应国家经济社会未来发展需要。这对教师的工程实践能力、研究能力和创新能力提出了更高要求，要求教师不断充实工程实践知识，更新工程实践经验。

在工程教育实践中，教师工程实践经验及工程实践研究能力不足是普遍存在的问题，解决这个问题的关键在于学校的政策要求和支持导向，包括引进教师的工程背景和工程经验门槛要求、教师开展工程实践和研究的政策支持、教师工程实践及研究能力评价的政策导向。学校应为教师创造更为丰富的参与工程实践活动的机会；定期组织教师参与专业领域工程实际问题的相关培训，如聘请有实际企业运营经验的工程师，对教师团队进行解决复杂工程问题的方法论以及相关知识点的培训，让相关专业的教师可以在日常技术知识和专业知识课程的授课当中，充分融合企业解决非技术因素和技术成果相冲突时的方法论、经济决策和考量社会非技术因素的思维方式[30]；组织开展与工程实践及工程研究成果在解决复杂工程问题能力培养中的应用相关的教学改革项目建设及经验交流等。

第八章　工程教育专业认证视角下
持续改进相关的几个问题

　　成果导向教育的核心理念是学生中心、产出导向和持续改进。持续改进是实现学生中心、产出导向的保障。成果导向的工程教育是一个持续改进的过程[17]。这种持续改进是多循环的、全覆盖的、持续的、保障产出的。其关注学生、关注学生学习产出过程及进展，强调评价结果的合理分析、及时反馈和基于评价结果的有效持续改进，以保障学习产出的达成。梳理成果导向教育理念中的持续改进，包括3个基本理念的关系及持续改进理念的内涵；工程教育专业标准中的持续改进，包括持续改进标准项内涵及贯穿其他标准项的持续改进理念和要求；工程教育实践中的持续改进，包括基于课程目标达成评价的课程教学内容与方式持续改进，基于毕业要求达成评价的课程体系和课程教学活动持续改进，基于培养目标达成评价的毕业要求持续改进，基于培养目标合理性评价的培养目标持续改进等，对于工程教育专业建立持续改进的质量文化，形成面向产出的持续改进机制，开展有效的持续改进，保障学习产出的达成具有现实意义。

一、成果导向教育中的持续改进

　　成果导向教育是一种以学习者为中心、学习结果为导向的教育哲学思想[31]。成果导向教育强调"成果"（广义的学习产出，包括专业教育产出、学生学习产出、课程教学产出）的预先设定，围绕"成果"设计实施教学活动，对

"成果"实现情况进行达成评价，并基于评价结果开展持续改进，保障"成果"的达成。

（一）成果导向人才培养体系设计是将学习产出逐层传导的过程

根据工程教育内外部需求制定培养目标，确定专业教育产出要求；根据培养目标制定毕业要求，确定学生学习产出要求；根据毕业要求制定课程体系和课程目标，确定课程教学产出要求；根据课程目标及其对毕业要求的支撑，确定教学内容、策略及评价方案。也就是说，培养目标顶层设计是起点，经过毕业要求及课程体系设计，将学习产出任务要求传导至课程，在此基础上进行课程教学内容与方式、课程教学评价方案的设计。学习产出是成果导向人才培养体系设计的中轴线。

（二）成果导向的人才培养体系实施是 3 个学习产出逐步实现的过程

这个过程始于课程，由课程教学实施支撑课程目标达成，实现课程教学产出；课程目标达成支撑毕业要求达成，实现学生学习产出；毕业要求达成支撑培养目标达成，实现专业教育产出。实现 3 个学习产出是成果导向人才培养体系实施的核心驱动，是工程教育专业认证的"主线"。

（三）成果导向的学习产出评价是对产出实现情况逐级评价的过程

课程目标达成评价是基础，是对课程教学产出的评价；在此基础上结合相应的评价方法和途径开展毕业要求达成评价，是对学生学习产出的评价；通过对毕业后 5 年左右学生及相关用人单位搜集相关信息开展培养目标达成评价，是对专业教育产出的评价。面向产出是上述评价开展的核心导向，面向产出的评价是工程教育专业认证的"底线"。

（四）成果导向的持续改进是学习产出要求达成的保障

成果导向的持续改进体系通过多层次的持续改进循环，实现持续改进的全覆盖，保障学习产出要求的达成。在工程教育专业认证核心理念中，持续改进是成果导向的固有之义，是实现以学生为中心、以成果为导向的保障。

1. 多循环的持续改进

成果导向的持续改进体系不是单向的、线性的，而是多层次、能够实现信息交互的循环改进体系，其包含多个子循环系统。子循环系统 1：基于课程目标达成评价，持续改进课程教学内容和方式。子循环系统 2：基于毕业要求达成评价，持续改进课程体系、课程教学组织活动。子循环系统 3：基于培养目标达成评价，持续改进毕业要求。子循环系统 4：基于培养目标合理性评价，持续改进培养目标等。各子循环系统的内在逻辑体现了成果导向教育逆向设计、正向实施的理念。

2. 全覆盖的持续改进

成果导向的持续改进是多个子循环系统共同组成的有机整体，能够实现对人才培养过程的全覆盖，以全面保障学习产出要求的达成。子循环系统 1 持续改进课程教学内容和方式，子循环系统 2 持续改进课程体系、课程教学组织活动，子循环系统 3 持续改进毕业要求，子循环系统 4 持续改进培养目标。各子循环系统的持续改进循环共同组成了人才培养过程持续改进的大循环。

3. 持续的改进

成果导向的持续改进体系强调改进的持续性，其不是一蹴而就的，而是不断循环运行、螺旋上升的过程。人才培养过程中的问题往往不能通过一个循环的改进全部解决；上一循环中没有解决的问题需要在下一循环的改进中予以处理；学情教情的不断变化，也需要持续改进。

4. 保障产出的持续改进

OBE 面向产出的核心理念在人才培养体系的设计、实施与评价中均一以贯之，并通过持续改进机制保障学习产出要求的达成。持续改进机制的架构和运行也是面向产出的，其通过对课程目标达成评价、毕业要求达成评价、培养目标达成评价、培养目标合理性评价等环节中反映出的影响学习产出达成的因素，进行分析和反馈，实施持续改进，跟踪改进效果，保障学习产出要求的达成，其着眼点和发力点在于保障学习产出。成果导向的持续改进体系通过各子循环系统的运行、反馈、改进、跟踪，保障子循环系统中相关学习产出要求的达成。通过人才培养过程持续改进的大循环全面保障各层级的学习产出。

综上，成果导向的持续改进机制关注的重点是"学"，学生的学习过程、学习状态、学习效果、学习产出，通过持续改进保障学习产出要求的达成；强调及时的反馈、对改进情况的持续跟踪、改进的持续循环与螺旋上升，是闭环的改进过程。传统的教学质量监控机制关注的重点是"教"的过程及效果，通过监控教师教学活动及教学效果，发现其中的问题，最终目标是实现教师教得更好；重监控的过程，轻监控信息的分析、处理、反馈及改进效果，不能形成闭环。如何搭建面向产出的持续改进体系，并通过其有效运行保障学习产出的达成，需要对 OBE 教育理念特别是面向产出的核心理念具有准确理解的基础上，深入分析工程教育专业认证标准中持续改进的相关要求及其内在关联，并在工程教育实践中理顺相应评价特别是相应评价合理性与持续改进有效性的关系。

二、工程教育专业认证标准中的持续改进

专业树立持续改进的质量文化意识是开展工程教育专业认证各项工作的重要意义之一。持续改进的理念贯穿了工程教育专业认证标准。除认证标准第四部分"持续改进"外，其他部分也均包含了持续改进的理念及相关要求。

（一）认证标准第四部分中的持续改进

1. 认证标准 4.1

"建立教学过程质量监控机制，各主要教学环节有明确的质量要求，定期开展课程体系设置和课程质量评价；建立毕业要求达成情况评价机制，定期开展毕业要求达成情况评价。"成果导向教育下的教学过程质量监控机制设计需要聚焦保障课程目标、毕业要求等学习产出要求的达成。主要教学环节的质量要求需要与学习产出建立明确的关联，课程教学计划制订、课程教学大纲编制、课堂教学、实验教学、课程设计、实习实训、毕业设计、课程考核等具体教学环节的质量要求与评价方法，均需面向学习产出（如教学大纲制定需要明确课程目标、课程目标与毕业要求的支撑关系、课程教学内容与计划、课程教学策略、课程评价方案等），并分别从质量要求要点、质量控制责

任人、评价基于的基本数据、评价周期、结果与相应的质量监控措施、形成文件和记录性文档等方面将质量监控的环节和程序予以明确，形成监控、反馈、持续改进的闭环。

该项认证标准内容明确了内部评价与改进体系关注课程目标达成评价、毕业要求达成评价机制的建立和有效运行，并将评价数据用于持续改进。2022 版标准解读进一步明确这两个机制的核心是面向产出的课程质量评价。持续改进的有效开展依托于面向产出评价结果的合理性。课程目标达成评价的核心要求是聚焦学生学习效果，需要根据各个课程目标能力产出的性质和形式，设计多元化、多维度的考核评价体系，总结性评价与形成性评价并行，学习过程评价与学习结果评价并重，准确考核评价学习成果的同时，搜集用于持续改进的有效评价数据。课程目标达成评价信息作用于对课程教学内容及策略进行持续改进的子循环。毕业要求达成情况评价机制是检验和判断专业人才培养的"出口质量"是否达到预期质量标准（即毕业要求）的重要保障机制，也是专业"持续改进"的基本前提。2022 版标准解读进一步明确，毕业要求达成情况评价是通过收集和确定最具代表性、最能表征专业毕业要求内涵的学习成果的相关评估数据，并对这些数据进行定性或定量的统计分析和结果解释后，对毕业生达成毕业要求的情况作出评价。通过分析该评价结果，逐项分析、判断学生毕业要求能力的长处和短板，为专业开展有针对性的持续改进提供依据。毕业要求达成评价信息作用于对课程体系及课程教学组织进行持续改进的子循环。

2. 认证标准 4.2

"建立毕业生跟踪反馈机制以及有高等教育系统以外有关各方参与的社会评价机制，对培养目标的达成情况进行定期分析。"专业应针对培养目标，制度化地开展毕业生跟踪、用人单位和行业组织等相关利益方的调查工作，并依据跟踪和调查所获得的信息对培养目标达成情况进行分析和评价，形成培养目标达成情况的总体判断。标准内容明确了基于培养目标达成评价的外部评价与改进机制的要求，培养目标达成评价信息作用于对毕业要求进行持续改进的子循环。培养目标达成评价通过定期的毕业生就业跟踪调查和用人单位评价等途径，在全面、准确了解毕业生就业质量、职业发展现状、毕业生在用人单位表现等情况的基础上，分析和评价专业培养目标的达成情况，发现专业人才培养过程中存在的问题和不足，用以指导对毕业要求等的持续改进。培养目标达成评价实施中相关工作制度化的定期开展、跟踪调查对象的合理选择（代表性、覆盖面）、调查内容的合理设计（与培养目标、培养效果关联）、调查结果的有效分析与利用，是基于该评价数据及信息开展有效持续改进的关键。

3. 认证标准 4.3

"能证明评价结果被用于持续改进。"这是对将课程目标达成评价、毕业要求达成评价、培养目标达成评价等相关评价数据及信息应用于持续改进要求的进一步明确，强调了成果导向教育中持续改进机制（准确评价基础上，及时反馈、有效改进、跟踪改进效果）的闭环属性及要求，也是对持续改进活动需制度化以保证其持续性、有效性的重申。2022 版标准解读进一步明确内外部评价结果用于对专业培养目标、专业毕业要求、课程体系设置、课程及教学过程、评估和评价机制、师资配置和支持条件等方面进行科学化、系统化、持续化的改进。标准要求基于评价结果的持续改进已形成闭路循环，持续改进过程和效果已被纳入专业教学质量的监控体系，各类评价结果系统性地用于专业的持续改进的工作流程明确（包括反馈渠道、改进项目、改进周期以及改进效果的跟踪措施等）[32]。

（二）其他认证标准中的持续改进

1. 认证标准 1.3

"对学生在整个学习过程中的表现进行跟踪与评估，并通过形成性评价保证学生毕业时达到毕业要求。"这一标准强调通过对学生学习过程开展形成性评价，以及时对教学策略等进行改进，促进课程目标的最终达成。形成性评价关注学生的学习过程，通过多种评价方式搜集体现学生学习状态的数据和信息，包括开展过程性考核，教师对学生学习状态进行记录，以及通过问卷调查、学生座谈等途径，了解学生的学习体验及对后续学习活动的意见和建议等，以便及时进行反馈和调整改进教学策略。该评价和改进贯穿人才培养全过程，专业需采取制度性的措施，对学生的学习进展进行跟踪，学生能及时反馈学习中的问题，任课教师能根据跟踪、反馈的信息对教学策略进行动态调整，为学生达到毕业要求提供帮助。

2. 认证标准 2.2

"定期评价培养目标的合理性并根据评价结果对培养目标进行修订，评价与修订过程有行业或企业专家参与。"标准要求基于定期开展的培养目标合理性评价对培养目标进行持续改进。培养目标合理性评价是培养目标修订的先导性工作。通过开展多维度的人才培养目标合理性评价，获得各利益相关方对专业培养目标合理性的评价与建议，在对评价数据及信息进行合理、深入的统计分析基础上，有的放矢地开展培养目标修订工作，即培养目标合理性评价结果与培养目标持续改进措施需具有内在的因果关系。

3. 认证标准 3

毕业要求上承培养目标，下启课程体系及课程教学。毕业要求标准内容中虽然没有明确提及持续改进相关内容，但其在人才培养活动中的关键地位和作用，要求专业在其内容制定及观测点确定的过程中，均遵循可评价的原则，以保证相关评价的有效开展，并基于该评价针对性地开展课程体系、课程教学等方面的持续改进。

4. 认证标准 5

"课程设置能支持毕业要求的达成，课程体系设计有企业或行业专家参与。"标准内容说明课程体系由毕业要求决定，需要支持毕业要求的达成。为实现对毕业要求的有效支撑，在毕业要求内容进行修订及根据毕业要求达成情况判断需要调整课程支撑时，均需要对课程体系进行持续改进。专业需要开展制度化的课程体系的合理性评价，通过与学生开展座谈、针对毕业生与用人单位进行问卷调查、走访用人单位以及与行业企业专家进行座谈等途径，获得利益相关方对当前课程体系设置、课程内容等方面的评价意见，在此基础上开展课程体系的持续改进。要求企业或行业专家参与课程体系设计过程的目的是保证课程内容及时更新，与行业实际发展情况相适应。

5. 认证标准 6 和 7

持续改进是一个综合系统和有机整体，人才培养链条上的所有环节均与持续改进子循环和大循环具有紧密的内在关联，师资队伍和支撑条件也不例外。师资队伍标准内容从教师数量结构、教学能力、工程经验、教学投入、学业指导及教学质量提升责任等方面；支持条件标准内容从教室、实验室、实践平台、计算机、网络、图书、教学经费、基础设施等方面，说明了师资队伍及支持条件对学习产出达成实现有效支撑的要件和要求。师资队伍建设和支撑条件优化是持续改进的一部分，同时为相关持续改进子循环提供支撑。

三、工程教育实践中的持续改进

目前的工程教育实践中，一方面，以学生评教、督导领导听课为主导的传统教学质量监控模式的影响还相当广泛；另一方面，通过工程教育认证的专业虽然在形式上建立了持续改进机制，但还存在机制不完善、实施面向产出不足、对评价数据及信息分析不足、改进措施与评价结果脱节、改进开展不够持续或不可持续、对持续改进情况没有跟踪评价等问题，特别是作为持续改进基础的各项评价的合理性根基不牢，直接影响了持续改进措施及执行效果的有效性。

为保证持续改进的有效性，首要的问题也是关键的问题是保证作为持续改进依据的各项面向产出评价结果的合理性。在此基础上对评价结果进行全面系统的分析，结合上一轮持续改进的开展情况，确定具体的改进措施。改进措施与评价结果应相互关联，并通过机制对改进措施的审核、具体实施的跟踪、改进效果的评价予以规范，开展制度化的持续改进，保证其可持续性和有效性。

（一）课程目标达成评价与课程教学内容及方式的持续改进

课程目标达成评价结果应用于对课程教学内容与方式的持续改进及对学生学习情况的跟踪和评估。

1.课程目标达成评价的合理性

课程目标达成评价所依据数据的合理性是评价结果有效的前提，也是基于评价结果有效开展教学内容与方式持续改进的前提。为保证评价数据的合理性，需要关注以下几方面。

（1）考核内容聚焦课程目标

课程各考核环节的观测内容均应聚焦课程目标，根据课程目标确定考核内容，保证考核结果能体现学生相关能力的达成情况。目前普遍存在通过考核知识掌握程度来判断能力达成的情况，这种达成评价存在依据效度低、方式不合理、结果不可靠的问题，不能真正反映课程目标的达成情况，进而不能开展有效的持续改进工作。这是由考核内容与课程目标脱节或是对课程目标内涵理解存在偏差导致的。为实现考核内容聚焦课程目标，首先应对课程目标内涵有准确的理解，需要将其置于对毕业要求支撑的层面进行把握，即不能局限于课程目标的字面表述，应深入理解其与毕业要求的支撑关系。在明确了各课程目标内涵中能力目标的基础上，确定各考核环节具体内容如何能实现对这些能力目标的有效考核。如作业及考试需要考核评价学生应用知识的能力，而不是是否记住了公式和知识点；实践教学环节考核需要结合工程实际，通过设计综合性的内容考核评价学生是否提高了知识的应用能力及解决复杂工程问题的初步能力或能力要素等。考核内容聚焦能力，考核过程考能力，以搜集对能力达成情况的有效证据。

（2）考核评价方式与课程目标匹配

考核评价方式需要根据课程目标对毕业要求的支撑任务、教学内容、教学环节等具体情况予以设定，聚焦学生的学习收获和学习体验。传统的单一使用结课考试终结性的考核评价方式不能满足对创新、决策、批判性思维、团队协作、沟通交流、自我管理和终身学习等综合能力的合理评价。这就需要根据各个课程目标能力产出的性质和形式，设计多元化、多维度的考核评价体系，涉及对总结性评价、阶段性总结评价、形成性评价中各种具体方式的选择与多元化组合，在合理评价学习成果的同时，搜集用于持续改进的有效评价数据。

（3）评价数据合理性审核机制的建立和有效运行

为保证课程目标达成评价数据来源的合理性和有效性，确定各课程考核环节所得到的评价数据与课程目标的相关性，首先，通过课程教学大纲审核确定课程考核方案相关内容的合理性，包括考核方式与课程目标的对应关系及评分标准聚焦课程目标能力产出的情况等；其次，通过评价数据合理性预审机制，审核考核内容对课程目标覆盖度和支撑度，任课教师需详细阐明课程目标与各考核环节的对应关系，考核内容对课程目标的覆盖情况，确保考核内容面向课程目标、考核能力目标，即面向产出；最后，考核后对课程成绩评定过程的合理性进行检查，内容包括试卷、课程设计报告、实习报告、实验报告、项目答辩报告、论文、作业、随堂测试资料等成绩组成环节的批阅和成绩评定情况等，保障评价数据的可靠性。

2. 课程教学内容和方式持续改进的有效性

课程目标达成评价结果应用于持续改进是多维度的。当评价的样本为具有统计意义数量的学生时，可以用来评价某门课程各个教学目标的达成情况，根据结果分析确定持续改进措施，包括调整教学内容对课程目标的支撑关系、更新与完善教学内容、合理匹配教学方式与教学内容、优化设计教学方式、改善相关教学资源及支撑条件等。还可通过与上一轮课程目标达成评价数据的比对，分析验证针对上一轮评价所提出的改进措施的执行效果，并对存在的问题开展持续改进。此外，当评价的样本为某个具体学生时，评价结果可以显示该学生每个课程目标的达成情况，用来跟踪和评估该学生的学习表现，从而评价和判断学生个体的学业情况，并据此采取个性化的改进措施。

（二）毕业要求达成评价与课程体系、课程教学活动的持续改进

毕业要求达成评价结果是开展课程体系、课程目标、教学内容及教学活动持续改进的重要依据。

1. 毕业要求达成评价的合理性

毕业要求达成评价结果合理有效是专业开展课程体系、课程教学活动等相关持续改进的重要前提。为保证相应评价结果合理有效，需要关注以下几方面。

（1）课程评价数据的合理选择

课程目标达成评价是毕业要求达成评价的基础。用于评价各项毕业要求的课程应选择恰当，能体现专业核心课程和重要实践教学环节的主导作用，

这些课程的教学内容能支撑毕业要求所描述的能力培养，课程目标达成情况的评价结果能证明相关毕业要求的达成情况[32]。对于专业选择全部、部分或是较少的对毕业要求有支撑的课程目标达成评价数据作为毕业要求达成评价的基础，其合理与否不能一概而论，而是应具体分析所选择课程是否最具代表性、最能表征专业毕业要求内涵。

（2）间接评价数据相关性的把握

采用基于学生调查问卷的间接评价数据，需保证其与毕业要求达成评价的相关性，包括问卷内容的设计（与毕业要求达成情况关联）、调查对象的覆盖（全体应届毕业生等）、调查结果的系统分析（相关性分析）等，还可包括受访者对课程体系、教学活动等方面意见建议的搜集，经过整理分析应用于人才培养相关环节的持续改进中。

（3）评价数据合理性审核机制的建立和有效运行

为保证课程评价数据选择的合理性及间接评价数据的相关性，专业应有专门组织机构或负责人对用于评价的数据内容、数据来源、收集方法的合理性进行审核。根据课程目标对毕业要求的支撑情况、课程目标达成评价情况，对用于毕业要求达成评价的课程评价数据进行合理性和有效性分析，对间接评价数据与毕业要求能力达成情况的相关性和有效性进行审核。用于毕业要求达成评价的数据，不能是未经过学生能力相关性分析的考核结果及调查结果。

2.课程体系、课程教学活动持续改进的有效性

毕业要求达成评价结果的信息应用于持续改进，需要经过系统的分析判断。根据毕业要求达成评价结果可以判断学生各项能力的长处和短板，进而分析形成能力短板的原因，包括课程对毕业要求支撑关系的合理性、课程目标对毕业要求支撑关系的合理性、课程内容与教学活动对课程目标达成支撑的有效性分析等，从而开展有针对性的持续改进工作，如调整支撑课程、修订教学大纲、优化教学活动安排等。例如，当某一项毕业要求的达成情况较低时，首先需要确定目前的课程能否有效支撑该毕业要求，不能支撑则调整支撑课程配置；如能够支撑，需要确定影响支撑程度和效果的因素，具体分析课程目标对毕业要求的支撑关系、教学内容与课程目标的关联关系、教学

活动对课程目标达成的支撑关系、课程考核环节及内容与课程目标的对应关系等，以对课程目标、课程目标与毕业要求的支撑关系、教学内容、教学活动、考核评价方案等进行有针对性的改进。

（三）培养目标达成评价与毕业要求的持续改进

培养目标达成评价结果应用于对毕业要求的持续改进。因毕业要求上承培养目标，下启课程体系及课程教学，根据培养目标达成评价结果改进毕业要求后，需要跟进开展课程体系、课程目标、教学内容等方面的持续改进工作。

1.培养目标达成评价的合理性

培养目标达成评价结果合理有效是开展毕业要求持续改进工作的重要前提。为保证相应评价结果合理有效需要关注以下几方面。

（1）调查内容设计的合理性

需要根据不同受访者有针对性的设计与培养目标达成情况高度关联的调查内容，全面准确地了解专业毕业生就业质量、职业发展情况、社会对专业人才的需求情况，为毕业要求及相关的持续改进提供依据。通过毕业生问卷调查、走访座谈等，调查毕业生职业发展情况与培养目标的契合度及其对培养目标达成程度的评价；通过用人单位问卷调查、走访座谈等，调查用人单位对毕业生职业能力的认可度及其与培养目标符合度的评价；通过第三方调查机构及行业组织调查，了解专业人才培养质量、培养目标实现情况等。

（2）调查对象的相关性

培养目标达成评价的调查对象包括毕业后 5 年左右的毕业生和用人单位。为保证调查结果的有效性，调查对象在具有广泛覆盖性的基础上，用人单位、行业组织的选择还应具有代表性，与毕业生的主要就业去向相一致，能够充分体现毕业生的就业领域和工作范围分布，以全面准确搜集了解毕业生的职业发展状况和职业能力发展水平。

2.毕业要求持续改进的有效性

毕业要求持续改进的有效性，一方面指基于对培养目标达成评价结果的分析，有效改进毕业要求相关内容；另一方面指毕业要求的持续改进能够有效引导课程体系、课程目标、教学内容等方面的持续改进。如培养目标"具有创新意识，并具有实施和评价解决复杂工程问题的能力"的达成情况相对较弱，就需要在毕业要求中强化"创新意识"和"具有实施和评价解决复杂工程问题的能力"的相关表述；优化课程体系，如增设创新类、实践类相关课程等；调整课程体系与毕业要求支撑关系，保证课程对上述相关能力要求的支撑力度；设计课程目标和优化课程教学形式，保证其对毕业要求的支撑；设计或调整评价方式，准确评价上述相关能力要求的达成情况；依据评价情况继续开展下一轮持续改进。

（四）培养目标合理性评价与培养目标的持续改进

培养目标合理性评价是培养目标修订的重要依据。通过开展培养目标合理性评价，及时掌握工程教育及行业企业内外需求发展变化，根据变化情况修订培养目标。

1. 培养目标合理性评价的合理性

培养目标合理性评价结果的合理有效是开展培养目标持续改进工作的重要前提。为保证相应评价结果合理有效，需要关注以下几方面。

（1）调查内容设计的合理性

为保证调查结果的有效性，培养目标合理性评价调查的内容应结合专业培养目标内涵，紧密围绕"合理性"进行设计，包括培养目标与国家经济社会发展及行业企业需求的符合度、培养目标与学校人才培养定位及专业人才培养特色的符合度、培养目标与应届毕业生职业期望及校友主流职业发展情况的符合度、培养目标与行业企业发展及用人单位需求的符合度等。同时设计开放性题目，搜集受访者对培养目标及相关人才培养活动的意见和建议。

（2）调查对象选取的相关性

培养目标合理性的调查对象比培养目标达成评价的调查对象更为广泛，包括专业工程教育的所有利益相关者，如毕业生校友、行业企业专家、用人单位代表、专业教师、专业学生家长，等等。为保障调查结果的有效性，调查对象的选取应关注覆盖面和代表性的问题。如毕业校友的选择应关注毕业时间、工作单位类型、职业发展状况等；用人单位的选择应关注其行业代表性、毕业生就职数量及其职业发展情况等有效信息。

2. 培养目标持续改进的有效性

培养目标持续改进的措施应与培养目标合理性评价结果具有内在因果联系，培养目标修订应有据可依，依据合理，保证培养目标修订的合理性。对从各种途径获得的培养目标合理性的评价信息，应进行细致统计、综合分析、系统研判，不能以某一次座谈会的讨论结果或不具有统计意义的问卷调查结果作为培养目标修订的依据。

第九章　成果导向教育模式下的

教师教学能力评价

　　教学能力指教师完成教学活动所需要的能力。一般认为，教学能力是指教师达到教学目标，取得教学成效所具有的潜在的可能性，它反映出教师个体顺利完成教学任务的直接有效的心理特征[33]。教师的教学能力，既是一种潜在的基于其学科知识水平的应然能力，也应该是一种外显的，在恰当的大学文化、制度和教学过程中表现出来的激发学生学习产出的实然能力；既反映着教师的教学水平，包括不断优化的知识结构、心智、情感、态度、价值观等，也与一所学校的学术文化、学术管理制度密切相关[34]。在不同的教育理念和教学模式背景下，教育教学活动对教师教学能力的要求不同，就需要形成与之要求相匹配的教师教学能力评价体系。只有在这样的情况下，才能保证教师教学能力评价的信度和效度。

　　成果导向教育模式下教师教学能力评价的有效开展，并根据评价情况及时开展相关教学改进，对深入推动成果导向教育全面进课堂、进全面课堂具有积极的促进作用。传统教学模式中，根据学科导向组织原则确定课程体系、课程教学内容，关注"教"，关注教师教了什么，教得怎么样。教师教学能力评价聚焦教师教学质量。成果导向教育强调面向产出学习成果的预先确定，人才培养活动设计实施均围绕学习成果的达成开展，关注"学"，关注学生学习状态及学习产出的达成。教师教学能力评价聚焦课程教学设计与实施面向产出情况。"面向产出"情况的评价是关键点，也是难点。充分认识教师落实成果导向教育理念过程中的关键角色，以及各角色对应的面向产出中轴线上4

个重要环节中的教学能力要求，对分析成果导向教育模式下教师教学能力评价的关注点具有重要意义。在此基础上，本章通过相关评价实践及评价结果数据分析，说明教师面向产出的教学设计与实施能力可以如何评价、评价结果如何、评价结果反映什么问题及如何解决。

一、成果导向教育模式下教师教学能力评价的 1 个关键点和 4 个关注点

成果导向教育是一种以学习者为中心、以学习结果为导向的教育哲学思想。具体到课程，课程教学目标确定、课程教学内容及策略设计与实施、课程教学评价及改进方案设计与组织，均以学生为中心，以学生学习产出为中心，聚焦学生学习成果的最终达成。面向产出是成果导向教育在课程层面的核心要求，是教师课程教学设计及具体实施的核心导向。课程目标制定应面向产出，需要支撑相应的毕业要求；教学内容及策略、课程学习活动应面向产出，需要支撑课程目标的达成；课程目标达成评价及改进应面向产出，需要评价课程教学产出实现情况、对毕业要求达成的支撑情况，并搜集用于持续改进的评价数据信息，保障学习产出的达成。在这个过程中，教师是课程目标的制定者、教学内容及策略的设计者、课程学习活动的引导者、课程目标达成评价及改进的组织者。教师需要教什么、如何教、怎样评价教学效果等均应与课程教学目标达成情况，进而与其对专业毕业要求相关内容的支撑情况紧密地联系起来。教师课程教学设计与实施中的面向产出情况是教师教学能力评价的关键点。具体可以体现为 4 个关注点，即教师在课程目标制定、教学内容及策略设计、课程学习活动引导、课程目标达成评价及改进方案设计与组织中，"面向产出"的具体落实情况。

（一）课程目标制定原则及评价要点

1. 课程目标制定的核心原则是面向产出

传统课程教学中，教学目标由教学内容决定，教学内容由教材决定，教学目标是课程教材目录内容的翻版，课程教学结果是学生对教材知识的掌握情

况。成果导向教育模式下，课程目标是对学生通过某一课程的学习所能获得知识、能力、素养的具体描述，是学生的课程学习收获，指向毕业要求包括的能力或能力要素。课程目标需要支撑毕业要求，课程目标达成是毕业要求达成的基础。课程目标的制定是将其对毕业要求支撑任务具体化的过程。教师在制定课程目标时，需要对毕业要求内涵、课程与毕业要求的支撑关系具有全面准确的认识和理解，保证课程目标面向产出；课程目标是面向毕业要求能力的，落脚点是学生在知识掌握及运用基础上能力的提升；课程目标能够对教师的"教"和学生的"学"起到清晰的引导作用，教师根据课程目标设计教学内容及策略并实施，学生可以根据课程目标有效规划各项学习活动。

2. 课程目标制定面向产出情况是教师教学能力评价的要点

在相关评价实践中，课程目标制定面向产出情况这个评价要点是能够形成共识的，关键是如何评价。具体可包括教师在课程目标制定中是否准确体现了课程对相关毕业要求的支撑情况，是否存在课程目标与所支撑毕业要求脱节或"硬性关联"的情况；课程目标是否能够聚焦学生能力产出，是否存在课程目标仅停留在知识获取和掌握层面的情况；课程目标制定是否体现学生的主体性，学生通过课程目标可以知晓课程学习后能够获得怎样的学习成果，达成哪些课程能力目标，进而规划课程学习活动，而不是教师能够让学生掌握哪些知识；课程目标是否可落实，课程目标是否可以通过课程教学内容及策略设计与实施的支撑，最终达成；课程目标是否可评价，课程目标内涵是否清晰（是否太过宏观）、是否能够体现递进层次，课程目标间是否有恰当的边界等。

（二）教学内容及策略设计原则及评价要点

1. 教学内容及策略设计的核心原则是能够实现其对课程目标达成的支撑

课程目标决定教学内容，教学内容需要支撑课程目标的实现。课程目标面向产出，聚焦学生学习产出，课程教学内容也应聚焦学生学习成果，聚焦能力产出。成果导向教育下，关注培养目标、毕业要求与工程教育内外部需求对学生能力素养要求的契合，并通过课程体系、课程目标将其传导至课程教学内容及教学活动中。课程教学内容需要支撑工程实践所需并已体现到专业毕业要求中的技术能力、非技术能力、工程素养等，保证课程教学内容面向产出，即课程教学内容对课程目标及相关毕业要求能力达成能够形成有效支撑。

课程目标与教学内容决定教学策略，教学策略需要支撑课程目标的达成。根据课程目标的具体情况，将教学策略与教学内容协同设计，包括通过什么环节学、通过什么模式学、通过什么方法学。课程目标的能力导向决定了课程教学内容及其与教学策略组合的系统性和综合性。

2. 教学内容及策略设计与课程目标的契合情况是教师教学能力评价的要点

教学内容及策略设计与课程目标的契合情况具体可包括教学内容对课程目标的支撑情况，是否聚焦学生能力产出达成，是否存在教学内容与课程目标脱节的情况；教学内容是否仅局限于教材或来源于教材，相关教学资源的选择及服务课程目标达成情况；教学策略与教学内容的匹配情况，是否有利于学生课程学习产出的达成，教学策略是否存在过于单一，不能与课程目标及教学内容相契合的情况等。特别需要关注课程目标中涉及的解决复杂工程问题能力及非技术能力的要求，是否对其进行了针对性的设计，通过合理选择课程教学、课程实验、课程设计、讨论课等教学环节，翻转课堂、案例教学、项目式学习等教学模式，启发、引导、探究、协作、研讨等方法，并与教学内容进行合理匹配，形成聚焦相关能力培养的教学方案。

（三）课程学习活动引导要求及评价要点

1. 教师课程学习活动引导的目标导向和核心原则是支撑课程目标的达成

在传统教学活动中，以教为主，教师是主导者，主导各教学环节安排和教学活动进程；学生是被动接受者，是知识输出的接收方，学生学习积极性、主动性不强。这种教学活动模式无法保证学生各项能力产出的达成及学生自主学习能力、探究学习能力的培养和提高。在成果导向教育下，强调"教主于学"的教学理念，即教之主体在于学、教之目的在于学、教之效果在于学[17]。学生是课程学习活动的主体，课程教学的目标是实现学生相关能力产出的达成，课程教学的效果根据学生学习产出达成情况进行判断。在这个过程中，教师根据课程目标及教学方案，在各项学习活动中积极引导学生开展自主学习、探究学习，在实现知识掌握的基础上，提升课程目标涉及的相关能力，保证课程目标的最终达成。

2. 教师课程学习活动引导服务课程目标达成情况是教师教学能力评价的要点

教师作为课程学习活动的引导者，使活动贯穿课程教学、课外学习、项目研究、作业完成、辅导答疑，等等，引导的模式因课程目标、教学内容、教学策略呈现多样化和个性化的特点。因此，其实施形式及效果不能一概而论，主要从是否有利于调动学生的自主性、积极性，锻炼学生探究学习能力，是否有利于课程目标的达成等方面进行考量。评价内容应关注解决复杂工程问题能力及非技术能力培养中，教师引导学生将学习空间向课外延伸，培养学生资料搜集、查阅文献、整理信息、数据处理分析能力的情况；引导学生在探究的过程中通过学习、协作、研讨等方法解决问题，培养学生研究、创新、协作、可持续发展等综合能力的情况。评价内容还可关注教师与学生的互动情况，如针对学生课程学习中的问题、课程教学重点等内容，设置教学讨论、互动交流环节，教师对学生的发言、讨论、成果展示等进行积极、全面的点评，引导学生主动思考和探究学习等。

（四）课程目标达成评价及改进方案设计与组织的原则和评价要点

1. 课程目标达成评价及改进方案设计与组织的核心原则是面向产出

传统的教育模式，注重知识灌输，通常采用考试这一终结性评价方式，考核学生对知识的掌握情况，基于评价结果开展的课程教学改进也存在机制不完善、规范性不足等问题。成果导向教育模式中，教学活动聚焦学生各项能力产出，包括技术能力、非技术能力及工程素养等，通过单一的终结性考试不能实现对相关能力产出的准确评价。教师在进行课程教学考核评价及改进方案设计时，需要面向产出，根据课程目标支撑任务、教学内容、教学环节等设计多元化和多维度的考核评价体系，涉及对总结性评价、阶段性总结评价、形成性评价中各种具体方式的适当选择与多元化组合，并在考核内容设计上聚焦课程能力产出目标，保证评价数据与课程目标能力产出的相关性，保证课程目标达成评价的准确性和有效性，以及基于评价结果的持续改进工作能够有效开展。

2.课程目标达成评价及改进方案设计与组织面向产出情况是教师教学能力评价的要点

课程目标达成评价及改进方案设计与组织面向产出情况具体可包括考核环节与课程目标的对应关系是否合理，是否选择了与课程目标能力产出相适应的考核方法；考核环节是否有清晰的评价标准，评价标准内容能够体现课程目标能力产出情况的梯度和具体程度；考核评价体系是否注重学习过程的形成性评价，及时搜集用于课程教学改进的有效评价数据信息，实施相关改进措施，保障课程目标的达成；考核内容是否与课程目标准确关联，聚焦能力产出目标，并具有开放性、多元性和综合性，需要学生在对各项学习活动的收获进行深入总结、理解、分析的基础上，得出结论；解决复杂工程问题能力及相关非技术能力实现程度的评价方法及内容是否进行了针对性的设计，能够准确评价相关能力的达成情况；针对评价结果开展面向产出的分析，能够有效分析学生能力的短板及其原因，据此确定持续改进措施，并通过评价数据比对，回应上一轮持续改进措施的执行效果。

二、成果导向教育模式下教师教学能力评价实践

以燕山大学为例，2016年秋季学期起，该校依照相关文件要求组织开展了基于成果导向教育的教师教学能力评价。评价中，侧重考查教师课程教学设计与实施中面向产出情况、教学文件规范性及体现成果导向教育理念情况、教学过程执行相关教学设计情况。

（一）教师教学能力评价核心指标内容

教师教学能力评价指标涉及6个一级指标，分别为教学态度、教学文件与教学设计、教学资源、教学过程、课程考核、教学效果及持续改进。成果导向教育面向产出的理念贯穿了所有指标要求。其中，教学文件与教学设计、教学过程、课程考核为考查重点。随着评估专家、教师及评估组织单位对成果导向教育理念理解的逐渐深入，以及相关经验、优秀案例的不断积累，对该评估指标体系内涵的理解也在不断更新和完善。

1. 教学文件与教学设计方面

主要考查教学大纲、项目指导书、讨论课方案等教学文件，体现学习产出实现的具体设计和实施路径情况。重点关注课程教学大纲，包括课程目标面向产出情况，课程目标对毕业要求支撑关系矩阵是否合理，课程目标是否将其对毕业要求支撑任务予以准确的具体化，并体现课程特点或特色；课程目标聚焦能力产出，课程学习收获落脚点是与毕业要求相关能力的提升；课程教学内容与课程目标对应是否合理，课程教学内容及策略是否能够支撑课程目标的达成，特别需要关注教学内容及策略对相关非技术能力课程目标的支撑情况；教学环节及策略的多元性，是否对实验、项目、讨论、调研、上机、演示、汇报、演出等环节进行了合理的选择与设计，其与课程目标及教学内容的契合情况；课程考核安排与课程目标对应关系是否清晰，考核形式与课程目标是否匹配合理；课程考核评价标准是否清晰，是否能够聚焦课程目标内涵并达成梯度。其他教学文件如项目指导书、讨论课方案等，重点关注该教学环节与课程目标的对应关系；其对课程目标能力产出的支撑情况；组织实施过程是否关注全体学生相关能力的培养；涉及团队分组的环节，组织规则与评分方法是否有利于调动全体学生参与学习的积极性等。

2. 教学过程方面

主要通过课程教学环节观摩、教师座谈、学生座谈及问卷调查等形式，考查教师基于成果导向教育理念的教学设计实施情况、课程目标实现情况及对课程教学的反思，同时搜集学生对教学相关改进的意见建议等。具体包括各教学环节的教学活动是否能够聚焦课程目标，聚焦学生能力产出；教师作为课程学习活动的引导者，其角色的把控及相关引导活动的具体开展情况，是否存在教师主导所有课程教学活动，学生参与机会较少，教师重知识传授、轻能力培养等情况；教师是否能够根据课程能力产出需要，为学生推荐种类丰富、评价较高的优质辅助学习资料；教师是否能够对学生学习过程中的表现进行持续跟踪、指导与评估等。

3. 课程考核方面

主要通过课程考核方案、课程考核合理性审核材料、各环节考核资料、课程目标达成评价材料等，考查教师课程考核及评价方案设计与实施面向产出情况。具体包括课程考核内容是否聚焦课程目标，课程考核形式与课程目标能力产出的匹配是否合理；课程考核合理性审核过程及材料是否完备；课程目标达成评价方法、周期、过程、结果使用要求是否受机制约束，能够规范化地开展；课程目标达成评价分析是否深入、有效，是否能够判断学生能力产出的短板，有针对性地分析其原因，并提出持续改进措施；是否存在课程目标达成分析及改进过程形式化、持续改而不进等情况。

（二）教师教学能力评价数据分析

因课程性质不同，课程教学目标、教学内容及策略等体现一定的特殊属性，教师教学能力评价的关注点和要求也略有不同，所以将教师教学能力评价数据根据被评估课程性质进行分类统计分析。

1. 教师教学能力评价数据

如图3所示，针对专业课授课教师的教学能力评价结果中，达成度最高的指标为教学纪律；达成度较低的指标分别为辅助资源、教学互动、教学文件和教学效果。

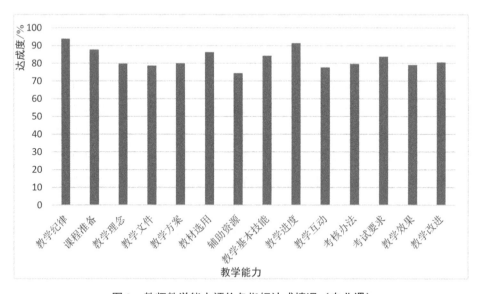

图3　教师教学能力评价各指标达成情况（专业课）

如图4所示，针对专业基础课授课教师的教学能力评价结果中，达成度最高的指标为教学纪律；达成度较低的指标分别为辅助资源、教学效果、教学互动、教学理念。

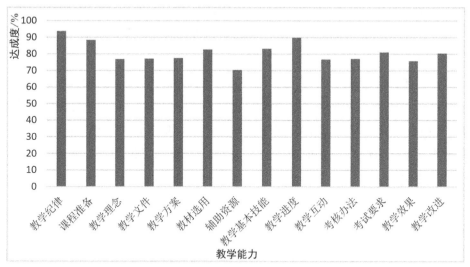

图 4　教师教学能力评价各指标达成情况（专业基础课）

如图 5 所示，针对基础课授课教师的教学能力评价结果中，达成度最高的指标为教学纪律；达成度较低的指标分别为考核办法、教学方案、教学文件和辅助资源。

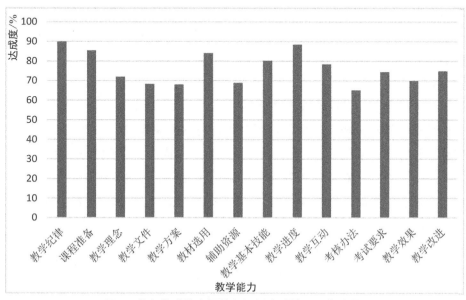

图 5　教师教学能力评价各指标达成情况（基础课）

2.教师教学能力评价数据分析

从上述数据分析结果可以看到，不同课程类别，授课教师的教学能力的堵点不同。对评价结果进行分析，对确定有针对性的教学改进措施、提高教师教学综合能力具有促进作用。

（1）辅助资源

在针对各种不同性质课程的教师教学能力评价中，辅助资源是评价结果均较低的项目。相关指标的内容为"教师给学生推荐了多种优质辅助学习资料或电子学习资源，并了解使用方式和状况"。评价结果报告显示问题的症结在于"优质"辅助资源。这一方面反映教师对优质辅助教学资源选择及推荐的意义认识及重视不足，另一方面也反映翻转课堂、混合式教学、大班授课小班研讨等教学模式使用比例较少或"形似神不似"，因为这些模式均需要教师为学生提供丰富的优质教学辅助资源。解决这些问题，首先需要明确"优质"要求的内涵，辅助资源需要根据课程目标、教学内容及策略进行优选，其内容和形式应与教学内容及策略相适应，能够对学生课程目标能力产出达成起到有效的辅助作用。具体举措可包括：继续推动成果导向教育理念全方位进课堂，并明确如何优选教学辅助资源、如何在相关课程学习活动中使用辅助资源、辅助资源的使用效果如何保障等，提高教师对优质辅助教学资源的重视程度及推荐与使用效果；继续深入开展翻转课堂、混合式教学等相关教学改革，使其形神兼备。

（2）教学互动

在教师教学能力评价被评估课程中，专业课、专业基础课"教学互动"指标项得分较低。相关指标的内容为"针对学生课程问题、教学重点等内容设置开放式、探究式、启发式、互动式教学讨论环节，安排与学生的互动交流环节，教师应对学生的发言、讨论、成果展示等进行细致有深度的点评，引导学生主动思考和学习"。教学互动是"输入式教学"到"主动性学习""以教为主"到"以学为主"转变的表征和途径之一。该项指标评价结果较低，反映出教学互动的程度和效果尚不能完全满足成果导向教育要求。基于此，一方面如上所述，继续推动成果导向教育理念全方位进课堂，并通过分析教学互动优秀案例，结合具体课程说明如何提高教学互动效果，提高教师教学互动相关教学能力与水平；另一方面强化以学生为中心的教学理念的有效落实，突出学生学习的主体地位，调动学生课程学习的积极性和主动性。

（3）教学理念、教学方案及教学文件

在教师教学能力评价被评估课程中，专业基础课"教学理念"（通过教学方法和手段、教学过程、教学效果和课程考核等一体化地凸显成果导向教学理念）指标评价结果较低；基础课"教学方案""教学文件"（教学大纲、项目指导书、讨论课方案等教学文件能够充分体现实现"学习产出"的具体设计和实施路径）指标评价结果较低。究其原因，可能与如下因素有关：学校开展基于成果导向教育理念的教学改革起步于专业课，成果导向教育理念进专业课的实施时间长、效果明显、经验丰富、辐射面广，与之相比，专业基础课教学理念更新略显不足；根据成果导向教育相关要求开展教学文件和教学方案梳理也对专业课要求更高，导致基础课教学文件和教学方案与专业课相比还不够完善。上述情况也是各高校开展基于成果导向教育理念课程教学改革过程中普遍存在的问题。据此，应在专业课教学理念、教学文件等相关内容完备的基础上，将成果导向教育改革的关注点投向专业基础课和基础课，强化相关基础课授课教师对成果导向教育理念的理解和落实，进一步提高面向产出教学方案的设计能力。

（4）考核方法

在教师教学能力评价被评估课程中，基础课"考核办法"是评价结果最低的指标项。相关指标内容为"采用多样化考核方式（测验、项目、作业、报告等）评价学生实际学习产出的达成情况，课程将学生的平时作业、实验成绩、讨论课、课程项目、随堂测验和考试等多个环节作为考核指标，对学生学习情况进行多元化、综合性考核评价"，"课程考试以主观题为主，客观题为辅；试题具有开放性、思考性和综合性"等，其中"学习产出""多样化""综合考核"是关键要素。专业课、专业基础课相关评价中该指标均未出现较低的情况，基础课为何较低？如前所述，成果导向教育理念进基础课"道阻且长"，相关理念和要求在课程考核层面渗透尚显不足。解决办法同上，在将成果导向教育改革的关注点投向基础课的基础上，加强相关基础课授课教师对成果导向教育理念的理解和落实，进一步提升面向产出课程考核评价方案的设计与实施能力。

参 考 文 献

[1] 中国工程教育专业认证协会.工程教育认证通用标准解读及使用指南（2022版）修订说明 [EB/OL].（2022-11-08）[2023-02-17]. https://www.ceeaa.org.cn/gcjyzyrzxh/xwdt/tzgg56/631560/index.html.

[2] 李志义.《华盛顿协议》毕业要求框架变化及其启示 [J].高等工程教育研究，2022（3）：6-14.

[3] 李志义.对毕业要求及其制定的再认识——工程教育专业认证视角 [J].高等工程教育研究，2020（5）：1-10.

[4] 李志义.中国工程教育专业认证的"最后一公里" [J].高教发展与评估，2020（3）：1-14.

[5] 李志义.对我国工程教育专业认证十年的回顾与反思之一：我们应该坚持和强化什么 [J].中国大学教学，2016（11）：10-16.

[6] 李志义，赵卫兵.我国工程教育认证的最新进展 [J].高等工程教育研究，2021（5）：39-43.

[7] 顾佩华，胡文龙，林鹏，等.基于"学习产出"（OBE）的工程教育模式——汕头大学的实践与探索 [J].高等工程教育研究，2014（1）：27-37.

[8] 人民网.首份《中国工程教育质量报告》以学生为中心 [EB/OL]（2014-11-13）[2023-02-17]. http://edu.people.com.cn/n/2014/1113/c367001-26018256.html.

[9] 德雷克·博克.回归大学之道：对美国大学本科教育的反思与展望 [M].侯定凯，梁爽，陈琼琼，译.上海：华东师范大学出版社，2012.

[10] 李志义.解析工程教育专业认证的学生中心理念 [J].中国高等教育，2014

（21）：19-22.

[11] 迈克尔．密里根．服务公众 保障质量 激励创新——ABET 工程教育认证概述 [J]．清华大学教育研究，2015（2）：21-27.

[12] 赵婷婷，冯磊．我国工程教育的社会适应性：基于工科专业培养目标的实证研究 [J]．高等教育研究，2016（2）：64-73.

[13] 李志义．解析工程教育专业认证的成果导向理念（OBE）[J]．中国高等教育，2014（17）：7-10.

[14] 翁史烈，黄震，刘少雪．面向 21 世纪的工程教育 [M]．上海：上海交通大学出版社，2016.

[15] 课程体系 [EB/OL]．[2023-02-17]. https://baike.baidu.com/item/%E8%AF%BE%E7%A8%8B%E4%BD%93%E7%B3%BB/3465161?fr=Aladdin.

[16] 赵婷婷，杨翊．利益相关者视域下我国工程教育学习成果多方评价对比分析 [J]．高等工程教育研究，2017（2）：90-96.

[17] 李志义，朱泓，刘志军，等．用成果导向教育理念引导高等工程教育教学改革 [J]．高等工程教育研究，2014（2）：29-34.

[18] 崔军．回归工程实践：我国高等工程教育课程改革研究 [D]．南京：南京大学，2011.

[19] 王永泉，胡改玲，段玉岗，等．产出导向的课程教学：设计、实施与评价 [J]．高等工程教育研究，2019（3）：62-68.

[20] 施晓秋．遵循专业认证 OBE 理念的课程教学设计与实施 [J]．高等工程教育研究，2018（5）：154-160.

[21] 林健．运用研究性学习培养复杂工程问题解决能力[J]．高等工程教育研究，2017（2）：79-89.

[22] 胡中锋．教育评价学 [M]．北京：中国人民大学出版社，2016.

[23] 白艳红．工程教育专业认证背景下课程目标的形成性评价研究与实践 [J]．中国高教研究，2019（12）：60-63.

[24] 杨毅刚，孟斌，王伟楠．如何破解工程教育中有关"复杂工程问题"的难点——基于企业技术创新视角 [J]．高等工程教育研究，2017（2）：72-78.

[25] 周克宁，罗朝盛，康敏．植入"复杂工程问题"的教学体系改革探索 [J].

中国大学教学，2016（10）：51-54.

[26] 蒋宗礼. 本科工程教育：聚焦学生解决复杂工程问题能力的培养 [J]. 中国大学教学，2016（11）：27-30.

[27] 林健. 如何理解和解决复杂工程问题——基于《华盛顿协议》的界定和要求 [J]. 高等工程教育研究，2016（5）：17-26.

[28] 廖勇，周世杰，汤羽，等. 面向新工科的软件工程专业核心课程体系建设 [J]. 高等工程教育研究，2022（4）：10-18.

[29] 林健. 新工科专业课程体系改革和课程建设 [J]. 高等工程教育研究，2020（1）：1-13.

[30] 杨毅刚，王伟楠，孟斌. 以提升解决"复杂工程问题"能力为目标的工程教育培养模式改进研究 [J]. 高等工程教育研究，2017（4）：63-67.

[31] 张男星，张炼，王新凤，等. 理解 OBE：起源、核心与实践边界——兼议专业教育的范式转变 [J]. 高等工程教育研究，2020（3）：109-115.

[32] 乐清华. 工程教育专业认证培训报告：专注主线 紧扣标准 做好专业自评与建设 [Z]. 2022.

[33] 周萍，纪志成. 青年教师教学能力调查分析 [J]. 中国大学教学，2011（2）：81-83.

[34] 黄彬. 高校教师教学能力评价：反思与建构 [J]. 教育研究，2017（2）：90-96.